RADIOGRAFIA DE UMA AULA EM ENGENHARIA

UNIVERSIDADE FEDERAL DE SÃO CARLOS
Editora da Universidade Federal de São Carlos
Via Washington Luís, km 235
13565-905 - São Carlos, SP, Brasil
Telefax (16) 3351-8137
http://www.editora.ufscar.br
edufscar@ufscar.br

Luis Roberto de Camargo Ribeiro

RADIOGRAFIA DE UMA AULA EM ENGENHARIA

1ª reimpressão

EdUFSCar
São Carlos, 2008

Coordenação editorial/Projeto gráfico
Luís Gustavo Sousa Sguissardi

Preparação de texto
Ingrid Pereira de Souza Favoretto

Revisão de texto
Gláucia Lucas Ramiros

Editoração eletrônica
Vítor Massola Gonzales Lopes

Capa
Luís Gustavo Sousa Sguissardi

1ª edição - 2007
1ª reimpressão - 2008

Apoio: ABENGE

Ficha catalográfica elaborada por pelo DePT da Biblioteca Comunitária da UFSCar

R484r Ribeiro, Luis Roberto de Camargo.
Radiografia de uma aula em engenharia / Luis Roberto de Camargo Ribeiro. -- São Carlos : EdUFSCar, 2007.

138 p.

ISBN – 978-85-7600-104-1

1. Ensino superior. 2. Engenharia – ensino. 3. Aulas nas Universidades. 4. Aprendizagem baseada em problemas. I. Título.

CDD – 378 (20ª)
CDU – 378

Ao Professor,
cuja generosidade e cujo idealismo
permitiram a realização deste trabalho.

A Napo e Belila.

Agradecimentos

A Maria da Graça N. Mizukami, Aline M. M. R. Reali e Renato V. Belhot pelas sugestões durante a realização deste trabalho; a Arthur Kingsland, John Roberts, Michael Ostwald pela acolhida na Universidade de Newcastle e a Capes pelo apoio financeiro.

Sumário

Introdução

Vivemos em um período de grandes transformações em todas as áreas da atividade humana. Nas últimas décadas presenciamos mudanças significativas na maneira como nos comunicamos, fazemos negócios e acessamos informações. Há muitos aspectos que favorecem e catalisam este processo de mudanças, mas é provável que a recente revolução tecnológica seja um fator primordial e, talvez, o que mais lhe imprima velocidade.

A educação, uma atividade humana essencial em todas as épocas, não poderia ficar alheia a essas mudanças, principalmente por ser responsável pela criação, disseminação e aplicação do conhecimento que alimenta a revolução tecnológica. Outra atividade humana particularmente afetada por este ritmo acelerado das mudanças é a engenharia, pois abriga grande parte do conhecimento com aplicação tecnológica imediata.

O processo acelerado de mudanças impacta a engenharia, a prática do engenheiro e, conseqüentemente, o ensino de engenharia, de modo inequívoco: é importante verificar a grande expansão da base de conhecimento em ciência e tecnologia e a rápida obsolescência de muito do que é ensinado durante o período de formação destes profissionais. Estes não são seus únicos efeitos, mas por si só já demandam que os engenheiros reaprendam continuamente sua profissão.

Há ainda outros aspectos que têm impacto sobre a prática em engenharia e, conseqüentemente, sobre o ensino desta área do conhecimento (Figura 1).

Figura 1 Alguns aspectos que afetam a prática e, conseqüentemente, a educação em engenharia.

Tomemos o campo de trabalho dos engenheiros como ponto de partida. Este se expandiu bastante desde seus primórdios como invenção, passando a incluir a atuação em áreas diversas das organizações produtivas, ou seja, em pesquisa e desenvolvimento, finanças, *marketing*, produção, serviços ao consumidor, entre outras.

O próprio entendimento do que seja a engenharia extrapolou muito daquilo que a definia originalmente. Não se considera mais o fazer do engenheiro como a mera solução de problemas, mas como uma manifestação de criatividade, engenhosidade, intuição e sentimento. De fato, a engenharia é hoje definida formalmente como o emprego eficaz e eficiente de conhecimentos técnico-científicos para atender às necessidades do homem e da sociedade, o que implica a utilização equilibrada, parcimoniosa e consciencioso de recursos humanos, naturais, materiais, energéticos e ambientais.[1]

1 Silva, J. R. G. Uma definição formal para "engenharia". *Revista de Ensino de Engenharia*, n. 17, pp. 11-18, 1997.

Por outro lado, as mudanças econômicas e a globalização também têm influenciado significativamente a formação do engenheiro. O mercado de trabalho dos engenheiros, afetado pela atual instabilidade da economia mundial, tornou-se ao mesmo tempo exigente, competitivo e, freqüentemente, menos empregador. Esta situação foi ainda agravada pela adoção de modelos produtivos que contribuem para aumentar o desemprego estrutural (i.e., substituição de mão-de-obra por tecnologia) e de modelos de gestão da produção que concorrem para o achatamento da pirâmide organizacional (e.g., produção enxuta e produção assistida por computador), que afetam principalmente os níveis hierárquicos médios nos quais estes profissionais geralmente atuam.

A mudança de foco da economia — da manufatura para serviços — também colocou novas necessidades de conhecimento aos engenheiros, que passaram a utilizar suas habilidades e seus conhecimentos em uma variedade de áreas do setor de serviços, tradicionalmente não-associadas à sua profissão. Ademais, em razão dos efeitos centralizadores da globalização, a colocação profissional de engenheiros migrou das grandes para as pequenas e médias empresas, o que criou uma demanda por profissionais capazes de conciliar os conhecimentos técnicos e industriais a habilidades administrativas e financeiras.

A soma desses aspectos aumenta a probabilidade de que um engenheiro, ao longo de sua carreira, venha a mudar freqüentemente de emprego ou posição dentro das empresas, a trabalhar em diferentes setores produtivos e mesmo a abrir seu próprio negócio, o que requer deste profissional grande adaptabilidade e capacidade de aprender, muitas vezes de forma autônoma, novos conhecimentos.

Tal fato tem colocado um grande desafio ao ensino de engenharia, em particular nas últimas décadas, já que não é mais possível formar profissionais sem se preocupar com sua colocação no mercado de trabalho, como ocorria no passado, quando havia grande carência de mão-de-obra especializada. Hoje, em decorrência dos motivos expostos, parece importar que as escolas — além de fornecer uma preparação técnico-científica sólida aos futuros engenheiros — atentem para o desenvolvimento de outros atributos profissionais, contribuindo para uma melhor atuação e conferindo-lhes maior flexibilidade em suas futuras carreiras.

Essa necessidade é corroborada por estudos que mostram que não há uma correlação nítida entre sucesso profissional (medido pelo salário dos engenheiros) e desempenho escolar (medido por meio das notas dos mesmos quando eram alunos).[2] Ao contrário, existem correlações mais fortes entre o êxito profissional e um conjunto de fatores pessoais, tais como confiabilidade, dedicação, caráter, iniciativa, entusiasmo, motivação, habilidades de comunicação, de gerenciamento, de trabalho em equipe, entre outros.

É preciso ressaltar ainda o aumento das pressões por uma atuação socialmente responsável por parte da opinião pública e da sociedade organizada — contemplada na própria definição formal de engenharia. Esta tendência cresceu muito a partir da metade do século XX, quando a ciência e seus produtos passaram a ser vistos cada vez mais com cautela, ou mesmo com suspeita, por causa dos efeitos deletérios de algumas intervenções tecnológicas no meio ambiente e na sociedade — sem considerar as tecnologias propositadamente concebidas e utilizadas para lhes causar dano.

Talvez não seja fácil e nem mesmo possível encontrar uma resposta única e definitiva para uma equação que inclui fatores tão diversos, particularmente quando se considera o dinamismo, a disparidade e a complexidade dos contextos econômicos, sociais e profissionais contemporâneos. No entanto, no caso do ensino de engenharia, algumas indicações podem ser encontradas, por exemplo, nos levantamentos

---

2 SACADURA, J. F. A formação dos engenheiros no limiar do terceiro milênio. In: VON LINSINGEN, I. et al. (Orgs.). *Formação do engenheiro*: desafios da atuação docente, tendências curriculares e questões contemporâneas da educação tecnológica. Florianópolis: Editora da UFSC, 1999. pp. 13-27.

de perfis profissionais desejáveis encontrados na literatura.[3,4,5] Esses perfis apresentam um rol variado de atributos, os quais parecem convergir quando divididos em conhecimentos, habilidades e atitudes. Entre os atributos mais citados encontram-se:

- Conhecimentos: conhecimento dos fundamentos da engenharia (ciência e tecnologia) e das relações entre seus diversos ramos, além de conhecimentos em áreas tais como computação, administração de empresas, lucros, finanças, satisfação do cliente, competição, riscos, tributação, leis e regulamentações, *marketing* e impacto da tecnologia no meio ambiente e nas pessoas.
- Habilidades: desenvolvimento de projetos em laboratório ou em campo, análise de problemas, síntese de soluções referentes a práticas em uso, comunicação, trabalho em equipe, gestão de recursos e processos, auto-avaliação e avaliação de pares.
- Atitudes: ética, integridade e responsabilidade para com colegas, sociedade e profissão, preocupação com o meio ambiente, iniciativa, empreendedorismo, adaptabilidade, disposição de procurar especialistas (*experts*) quando necessário, motivação e interesse pelo aprendizado autônomo e contínuo durante suas vidas.

Indicações também podem ser encontradas nos objetivos gerais colocados pela literatura para o Ensino superior, pautados nas demandas da futura atuação profissional dos alunos. Esses objetivos parecem concordar com os levantamentos de perfis desejáveis de en-

---

3 Vasilca, G. Engineers for a new age: how should we train them? *International Journal of Engineering Education*, v. 10, n. 5, pp. 394-400, 1994.

4 Ning, C. C. Undergraduate academic programme: planning, development, implantation and evaluation. *International Journal of Engineering Education*, v. 11, n. 3, pp. 175-184, 1995.

5 Moraes, M. C. O perfil do engenheiro dos novos tempos e as novas pautas educacionais. In: von Linsingen, I. et al. (Orgs.). *Formação do engenheiro*: desafios da atuação docente, tendências curriculares e questões contemporâneas da educação tecnológica. Florianópolis: Editora da UFSC, 1999. pp. 53-66.

genheiros. Notemos, por exemplo, que a Unesco sugere, para o Ensino superior, a promoção da aprendizagem por toda a vida e da capacidade de resolver problemas e de tomar iniciativas e a integração dos conhecimentos. Para esta organização, o Ensino superior é mais efetivo quando é capaz de promover, com flexibilidade e cooperação, o aprendizado que extrapola os limites entre disciplinas.[6]

Em um sentido educacional mais amplo, a Unesco ainda sugere que o conhecimento não seja tomado como uma ferramenta pronta para uso, nem ensinado de forma fragmentada, já que isso impede a apreensão dos objetos em seu contexto e complexidade. O conhecimento deveria, ao contrário, ser ensinado de modo a capacitar os alunos a enfrentarem o inesperado e a incerteza e a modificarem seu desenvolvimento em virtude das informações adquiridas ao longo do tempo.[7]

Nessa direção, Bok,[8] preocupado com o rápido aumento da quantidade de informações a serem assimiladas pelos alunos durante o período de formação universitária, adverte: "Não podemos nos contentar em ensinar aos estudantes a se lembrar de um corpo fixo de conhecimentos; em vez disso, cumpre-nos ajudá-los a dominar técnicas de resolver problemas e hábitos de aprendizado contínuo".

Outros autores defendem que as escolas superiores e universidades forneçam uma experiência educacional de valor intrínseco, preparem os alunos para a construção, aplicação e disseminação de conhecimento e para o exercício de uma profissão específica, o que pode ser conseguido por meio da capacitação profissional e promoção da aprendizagem ao longo da vida, da preparação para o exercício profissional e para o mundo do trabalho em geral.[9]

---

6 Delors, J. *Educação*: um tesouro a descobrir. São Paulo: Cortez/Unesco, 1999.

7 Morin, E. *Os sete saberes necessários à educação do futuro*. São Paulo: Cortez; Brasília: Unesco, 2001.

8 Bok, D. *Ensino superior*. Rio de Janeiro: Editora Forense-Universitária, 1986. p. 13.

9 Tynjyälä, P. Towards expert knowledge? A comparison between a constructivist and a traditional learning environment in the university. *International Journal of Educational Research*, v. 31, pp. 357-442, 1999.

Os objetivos concebidos pela Wingspread Conference[10] sobre o Ensino superior também concordam com essas proposições, incluindo — paralelamente à garantia da competência técnica em determinada área do conhecimento — a promoção de habilidades de comunicação, do domínio em computação e outras tecnologias e do acesso a informações para permitir que os alunos adquiram e apliquem novos conhecimentos e habilidades quando forem necessários. Esses objetivos também contemplam o desenvolvimento da habilidade de tomar decisões informadas, ou seja, por meio da capacidade de definição do problema, coleta e avaliação de informações relacionadas a ele e apresentação de soluções, e da habilidade de trabalhar em uma comunidade global, por intermédio do desenvolvimento de várias atitudes e disposições, tais como a flexibilidade e a adaptabilidade, a aceitação de diversidade, a motivação, o comportamento ético, a criatividade e a capacidade de trabalhar em grupo.

A literatura também indica que esses objetivos educacionais podem ser alcançados com currículos que favorecem a compreensão dos conhecimentos gerais e específicos, o pensamento crítico e a habilidade de pensar conceitualmente, integram a teoria à prática, desenvolvendo nos alunos habilidades interpessoais e a capacidade de refletir sobre sua própria prática, e promovem habilidades de comunicação oral e escrita, de pensar e aprender a partir de situações práticas. No ensino profissionalizante, o atendimento integrado desses objetivos poderia ainda favorecer a formação de geradores de conhecimentos em vez de meros consumidores destes, concorrendo para formar empreendedores no lugar de simples empregados.

No caso específico da educação em engenharia, os objetivos parecem não diferir dos colocados para o Ensino superior como um todo. Alguns autores preferem indicar o que *não* deve ser objetivo da educação em engenharia. Para Gómez Ribelles,[11] a escola de en-

---

10 Duch, B. J.; Groh, S. E.; Allen, D. E. Why Problem-Based Learning? A case study of institutional change in undergraduate education. In: Duch, B. J. et al. (Eds.). *The power of Problem-Based Learning*. Sterling: Stylus, 2001. pp. 3-11.

11 Gómez Ribelles, I. L. Some ideas about the application of the project learning

genharia não deveria buscar a capacitação dos alunos para um tipo particular de trabalho, pois o leque de atividades disponíveis ao futuro engenheiro é muito maior do que é possível aprender durante a graduação.

A escola de engenharia tampouco deveria ter como objetivo assegurar que seus alunos atinjam um determinado nível de conhecimento sobre certa especialização da engenharia, já que a expansão do conhecimento torna qualquer nível de conhecimento aprendido hoje insuficiente para o trabalho a ser realizado amanhã. Ao contrário, ela deve possibilitar que os alunos desenvolvam suas carreiras em muitas direções possíveis e saibam como aprender novos conhecimentos durante toda a carreira profissional.

Pressupõe-se que muitas escolas de engenharia no Brasil sejam capazes de reconhecer a importância desses atributos e objetivos, haja vista a presença de muitos deles nas diretrizes curriculares para os cursos de engenharia,[12] concebidas a partir de ampla consulta a estas instituições encabeçada pela Abenge (Associação Brasileira de Ensino de Engenharia). No entanto, o atendimento dos mesmos coloca outra questão às escolas: como prover o ensino de um corpo crescente de conhecimentos científicos e tecnológicos ao mesmo tempo em que se procura desenvolver habilidades e atitudes profissionais desejáveis sem sobrecarregar os currículos nem estender os anos de escolarização formal?

A resposta a essa questão é complexa e pode envolver transformações amplas e profundas nas escolas de engenharia. Essa complexidade fica ainda mais clara quando se reconhece que aspectos institucionais, culturais e individuais existentes em um dado contexto educacional num momento qualquer podem ser catalisadores ou inibidores das mudanças que nele se pretende introduzir. Assim, um projeto de mu-

---

methodology in engineering education. In: Pouzada, A. S. (Ed.). *Project-Based Learning*: project-led education and group learning. Guimarães: Editora da Universidade do Minho, 2000. pp. 51-55.

12 MEC. Diretrizes curriculares para os cursos de engenharia. Disponível em: <www.mec.gov.br>. Acesso em: 20/6/02.

dança em uma instituição de ensino — que almeja atingir algum grau de sucesso — deve necessariamente contemplar um estudo prévio para a identificação de aspectos que podem facilitar ou dificultar sua implantação.

É sobre isso que este texto versa. Trata-se de um estudo exploratório anterior à introdução de uma metodologia instrucional — Aprendizagem Baseada em Problemas ou PBL (*Problem-Based Learning*) — em uma disciplina de um currículo de engenharia. Neste estudo buscou-se explicitar como os aspectos institucionais, culturais e individuais do contexto de implantação determinavam a aula na qual seria implantada a nova metodologia e as implicações para o sucesso e a continuidade dessa mudança instrucional. Reconhecendo a inter-relação desses aspectos e a impossibilidade de estudá-los fora de seu contexto, tentou-se fazer uma radiografia do contexto em questão, guiada pela voz do professor, para tentar compreender seu funcionamento: uma aula na engenharia.

O emprego da analogia com a radiografia tem um sentido neste trabalho. Radiografia aqui também apresenta as vantagens e desvantagens do procedimento médico. Em primeiro lugar, como a radiografia, trata-se de um retrato amplo de um fenômeno particular em momento e lugar específicos, enfim, um estudo de caso, o que requer cautela na sua generalização. Por outro lado, esta amplitude pode ser vantajosa, na medida em que revela aspectos que não estavam inicialmente previstos pelo estudo, uma característica comum a investigações de natureza qualitativa.

Ademais, como ocorre com a radiografia médica, nem tudo desvela — especialmente quando se considera que o fenômeno investigado não é físico, mas de cunho humano/social. Assim, é preciso adiantar que este texto não almeja contemplar todas as facetas de uma aula, nem esgotar todas as suas possibilidades de análise. Não pretende oferecer um diagnóstico completo e acabado, tampouco uma prescrição à situação estudada. No entanto, por causa da universalidade de muitos dos aspectos arrolados e analisados no contexto estudado, espera-se que ajude a iluminar — por meio das reflexões provocadas por sua leitura — estes fenômenos complexos que são o ensino, o Ensino superior e o ensino de engenharia.

Antes de continuar, contudo, faz-se necessário explicitar os aspectos metodológicos do estudo, uma vez que podem permitir que os leitores comparem seus contextos de origem com o contexto em questão, além de facilitar a generalização das análises apresentadas. Não se propõe, dada a finalidade deste texto e em vista dos leitores que espera atrair, tratar com profundidade dos aspectos metodológicos da pesquisa que originou este trabalho. Os aspectos metodológicos são aqui colocados apenas com o intuito de favorecer a compreensão do contexto e do trabalho realizado e, com isto, favorecer as conclusões e encaminhamentos que ele sugere.

ASPECTOS METODOLÓGICOS

A escolha da metodologia utilizada neste estudo partiu primeiramente da crença de que uma metodologia que enfoca a descoberta, o *insight* e a compreensão a partir das perspectivas dos participantes oferece a melhor promessa de contribuir de maneira significativa à base de conhecimento e à prática da educação em engenharia ou de outras áreas do conhecimento. Ademais, a adoção da pesquisa qualitativa favorece o conhecimento da realidade a partir das perspectivas daqueles que a vivenciam, já que esta modalidade investigativa promove o estudo das coisas em seus contextos naturais, tentando compreender, ou interpretar, os fenômenos em termos dos significados que as pessoas lhes conferem.[13]

Além disso, havia a intenção de que este estudo pudesse tanto contribuir para a prática de ensino de engenharia quanto para o desenvolvimento profissional do docente participante do estudo e concorresse para minimizar o estranhamento entre a academia e a escola — atribuí-

---

13 Denzin, N. K.; Lincoln, Y. S. Entering the field of qualitative research. In: Denzin, N. K.; Lincoln, Y. S. (Eds.). *Handbook of qualitative research.* Thousand Oaks: Sage, 1994. pp. 1-17.

do a vários fatores, a saber: a desvalorização dos saberes dos professores, a linguagem hermética usada na academia e o sentimento da parte dos professores de serem freqüentemente explorados pelos pesquisadores e raramente informados sobre os resultados das pesquisas.[14] Sobretudo, desejava-se que essa colaboração ajudasse a dissipar a crença, comum entre professores, de que a pesquisa educacional conduzida por acadêmicos seria irrelevante a sua profissão, fazendo com que não a procurem para informar e melhorar sua prática.

Por outro lado, buscava-se a aproximação entre o autor/pesquisador e o professor de engenharia, e o crescimento de ambos, por meio de um delineamento de pesquisa que contemplasse a colaboração entre eles, já que as modalidades de colaboração estabelecidas entre essas instâncias podem proporcionar oportunidades de desenvolvimento profissional, por meio da reflexão sobre a prática, críticas partilhadas e mudanças apoiadas.[15] Essa colaboração ocorreu em torno de um trabalho conjunto do autor e do professor (doravante referido como Professor) no planejamento, na implantação e avaliação de uma metodologia de ensino–aprendizagem fundamentada no PBL, em uma disciplina do currículo de engenharia de uma universidade pública brasileira, centro de pesquisa (daqui por diante referida como IES).

O Professor, com 44 anos de idade à época do estudo, era formado nas áreas da engenharia de produção e administração de empresas no final dos anos 1970, com mestrado e doutorado nessas áreas. Nesta ocasião, tinha mais de 20 anos de docência na IES, onde também fazia pesquisa e orientava alunos de pós-graduação. Foi contratado pela instituição logo depois de ter terminado seus estudos e não teve

---

14 Zeichner, K. M. Para além da divisão entre professor-pesquisador e pesquisador acadêmico. In: Geraldi, C. M. G. et al. (Orgs.). *Cartografias do trabalho docente*: professor(a)-pesquisador(a). Campinas: Mercado de Letras, 2000. pp. 207-236.

15 Mizukami, M. G. N. Docência, trajetórias pessoais e desenvolvimento profissional. In: Reali, A. M. M. R.; Mizukami, M. G. N. (Orgs.). *Formação de professores*: tendências atuais. São Carlos: EdUFSCar, 1996. pp. 59-91.

capacitação pedagógica antes da contratação nem a obteve, de forma sistemática, em serviço.

Como foi colocado anteriormente, este texto fundamenta-se exclusivamente nos dados coletados durante a fase de planejamento da implantação. Neste período, o autor observou as aulas da disciplina Teoria Geral da Administração (TGA), com o intuito de conhecer seu conteúdo e suas especificidades. Sua turma consistia em 29 alunos cursando o terceiro período de engenharia de produção.

Nessa fase, o autor e o Professor também mantiveram encontros semanais, que consistiam em discussões sobre aspectos institucionais e culturais da escola de engenharia/universidade em questão e outros tópicos levantados pelo autor sobre as aulas do Professor. Também eram discutidas nestes encontros as inquietações que o estudo sobre o PBL suscitava em ambos, Professor e autor, com relação à implantação no contexto em questão.

Os encontros foram gravados na íntegra pelo autor, de modo a promover a naturalidade na entrevista, independentemente de o assunto tratado relacionar-se ou não com o planejamento da metodologia instrucional ou com a pesquisa. Porém, pelo fato de esta opção metodológica ter gerado um grande volume de material gravado, durante a transcrição das fitas, feita pelo próprio pesquisador, optou-se por deixar de fora a parte do material que não contemplava os interesses do trabalho.[16]

Muitas falas do Professor — em itálico, para diferenciá-las das citações entre aspas dos autores referenciados — foram incluídas neste trabalho na íntegra, preservando seu anonimato. O motivo deste procedimento é o fato de o uso do discurso direto tanto possibilitar que a voz do Professor seja ouvida — um dos objetivos do trabalho — quanto aumentar a naturalidade do texto, enriquecendo-o e promovendo sua generalização pelos leitores.

---

16 Bogdan, R. C.; Biklen, S. K. *Qualitative research for education*. Boston: Allyn & Bacon, 1992.

ORGANIZAÇÃO DO TEXTO

O texto foi organizado de forma a apresentar de maneira sucinta no primeiro capítulo algumas lentes, ou seja, referências teóricas sobre *Ensino, Ensino Superior e Ensino de Engenharia*, que serão utilizadas na análise da radiografia do contexto em questão. Essas referências são retomadas e complementadas no capítulo *Radiografia e Análise do Contexto*, o qual trata dos aspectos institucionais, culturais e individuais do contexto estudado, pautados na fala do Professor. Este capítulo ainda ilustra a discussão precedente com uma aula representativa daquelas observadas pelo autor, também analisada à luz da literatura.

O capítulo *Para Além de uma Prescrição* traz uma metodologia educacional alternativa: o modelo da Escola de Engenharia e Ambiente Construído da Universidade de Newcastle, Austrália, investigado pelo autor durante o período de implantação do PBL no contexto tratado neste trabalho. Neste estágio, o autor teve a oportunidade de observar implantações desta metodologia em vários cursos. Este capítulo descreve o modelo PBL empregado no curso de arquitetura e discute sua adequação ao ensino de engenharia no Brasil. À guisa de conclusão, o texto traz algumas considerações complementares a respeito da colaboração entre o autor e o Professor propiciada pelo delineamento desta investigação e por suas implicações para o desenvolvimento profissional docente.

Capítulo 1

Ensino, ensino superior e ensino de engenharia

O ensino de engenharia tem longa história no Brasil — sua primeira escola foi fundada em 1810 — e vem, em tempos recentes, atraindo a atenção de acadêmicos e instituições, particularmente depois do lançamento do Programa de Reengenharia do Ensino de Engenharia (Reenge) em 1995. O Reenge é tido como o marco inicial da discussão sobre os currículos e o ensino de engenharia no Brasil, depois de quase 20 anos desde a elaboração da resolução que regia o ensino desta área de conhecimento no país, ou seja, a Resolução 48/76. A discussão iniciada pelo Reenge contemplou tópicos variados, tais como flexibilidade curricular, diminuição das cargas horárias, diversificação do perfil profissional, interação entre o ciclo básico e profissional, valorização do conhecimento prático aprendido dentro ou fora da escola, entre outros.[1]

Alguns eventos posteriores também contribuíram para esta discussão, tais como a promulgação da Nova Lei de Diretrizes e Bases em 1996 e o Edital 4/97 do MEC, que convidava as instituições a

1 Salum, M. J. G. Os currículos de engenharia no Brasil: estágio atual e tendências. In: von Linsingen, I. et al. (Orgs.). *Formação do engenheiro*: desafios da atuação docente, tendências curriculares e questões contemporâneas da educação tecnológica. Florianópolis: Editora da UFSC, 1999.

elaborarem propostas para as Diretrizes Curriculares do Ensino de Engenharia, aprovadas em 2002 mediante a Resolução 11/02 do CNE (Conselho Nacional de Educação). Entretanto, apesar de ter havido esforços na direção de diminuir o número de créditos dos cursos, de expor os alunos à engenharia logo nos primeiros anos e de abrigar novos conteúdos e substituir ou eliminar os obsoletos, estas diretrizes parecem ter promovido poucas mudanças significativas nos currículos, principalmente na forma como os conteúdos são trabalhados.

Mesmo sendo cedo para avaliar os efeitos dessas diretrizes, é possível conjeturar sobre os motivos da persistência do modelo convencional de ensino nas escolas de engenharia (Figura 2). Esses motivos podem ser decorrentes de uma intricada malha de fatores institucionais, culturais e individuais, já que a forma como uma aula ocorre varia de acordo com as características da instituição, da cultura dominante e do professor.[2] Podem também ser inerentes ao ensino dessa área do conhecimento, ao Ensino superior e/ou à educação como um todo.

É possível encontrar várias razões para a persistência do modelo convencional de ensino de engenharia. Primeiramente, é preciso reconhecer que a universidade por si só não é uma instituição ágil, em razão da forma de gestão acadêmica: resoluções por meio de conselhos de diversos níveis, forma corporativa de organização, entre outros aspectos.[3] Além disso, tem-se que considerar que os sistemas escolares, como todos os sistemas humanos — mesmo mostrando disposição de inovar e melhorar —, tendem a manter a ordem e as práticas estabelecidas,[4] o que explicaria, ao menos em parte, a dificuldade, aparentemente antagônica, de implantação das diretrizes,

---

2 Zeichner, K. M.; Tabachnick, B. R.; Densmore, K. Individual, institutional, and cultural influences on the development of teachers' craft knowledge. In: Calderhead, J. (Ed.). *Exploring teachers' thinking*. Londres: Cassel, 1987. pp. 21-59.

3 Paiva, V.; Warde, M. J. Anos 90: o ensino na América Latina. In: Paiva, V.; Warde, M. J. (Orgs.). *Dilemas do ensino superior na América Latina*. Campinas: Papirus, 1994. pp. 9-41.

4 Huberman, M. *Como se realizam as mudanças em educação*: subsídios para o estudo do problema da inovação. São Paulo: Cultrix, 1973.

já que emanaram da discussão e das propostas das próprias instituições de ensino de engenharia.

Figura 2 Alguns fatores que influenciam o ensino de engenharia.

É sabido também que a tendência de manutenção do *status quo* está na própria natureza das instituições de Ensino superior. As universidades são instituições longevas; de 66 organizações com existência ininterrupta desde a Reforma Protestante do século XVI, 62 delas são universidades.[5] A longevidade da universidade pode ser atribuída em grande parte ao seu conservadorismo, que pode ser atestado por suas características. Muitas características das universidades atuais parecem ter sua origem nas instituições da Idade Média, tais como os currículos preestabelecidos, carreiras específicas e exames formais. Porém, o conservadorismo das universidades – um fator que lhes atribui longevidade – pode tornar-se um empecilho em tempos de transformações rápidas como os vividos atualmente.

Por outro lado, é sabido que não só as universidades, mas as escolas em geral estão entre as instituições mais conservadoras, mantendo formas tradicionais de fazer as coisas mesmo diante de intensas

5 Brunner, J. J. Educación superior y globalización. *Educação Brasileira*, v. 19, n. 38, pp. 11-30, 1997.

pressões por mudanças.[6] Ademais, acredita-se que esse conservadorismo se faça mais presente no setor público, já que essas instituições não têm motivação econômica e não precisam enfrentar concorrência, assim têm menos necessidade de se preocupar em melhorar os serviços que proporcionam.[7]

Essa resistência a mudanças também é atribuída à estrutura das escolas, que comporta concomitantemente elementos de organizações burocráticas e não-burocráticas. Uma característica dos sistemas escolares que ilustra essa hibridez seria a precariedade de sua linha de comando e comunicação. Apesar de os sistemas educacionais serem organizados hierarquicamente, assim como as organizações burocráticas, sabe-se que as normas e diretrizes não conseguem ser facilmente difundidas e implantadas por intermédio da linha de comando de sua hierarquia.[8] Desta forma, como coloca Nóvoa,[9] a instituição escolar é capaz de manter uma autonomia relativa, ou seja, permanecer como um território intermediário de decisão no domínio educativo "que não se limita a reproduzir as normas e os valores do macro-sistema, mas que também não pode ser exclusivamente investida como um micro-universo dependente do jogo dos atores sociais em presença".

Embora não existam dados que a comprovem, é provável que essa autonomia relativa seja mais marcante — e a difusão das diretrizes, mais difícil — em instituições de Ensino superior, dada a maior complexidade de seus processos, estruturas, hierarquias e, conseqüentemente, linhas de comando e comunicação. Sabe-se também que em qualquer organização quanto mais distante do topo da hierarquia se encontra um indivíduo maior a dificuldade de lhe comunicar normas ou valores de forma eficaz, especialmente se essas normas forem decididas sem a participação daqueles que terão de implantá-las.

---

6 Dreeben, R. The school as a workplace. In: Travers, R. M. (Ed.). *Second handbook of research on teaching*. Chicago: Rand MacNally, 1973. pp. 450-473.

7 Huberman (op. cit.).

8 Dreeben (op. cit.).

9 Nóvoa, A. Para uma análise das instituições escolares. In: Nóvoa, A. (Org.). *As organizações escolares em análise*. Porto: Dom Quixote, 1992. p. 20.

Por isso, a sala de aula universitária pode ser um território pouco influenciado por diretrizes. Mesmo quando estas conseguem ser difundidas, as atividades do professor em sala de aula não são determinadas significativamente por elas, em razão de sua vacuidade.[10] Essa vacuidade também pode ser atribuída às características dos objetivos educacionais como um todo: geralmente numerosos, variados, heterogêneos, imprecisos e pouco coerentes.[11] Por esta razão, na maior parte das vezes as diretrizes não são operacionalizáveis ou têm como resultado uma pedagogia de efeitos imprecisos e remotos, o que, por sua vez, acaba por favorecer a autonomia dos professores, o individualismo e o isolamento do trabalho docente.

Isso é agravado pelo fato de o isolamento ser uma característica da profissão docente em geral. Estudos mostram que as relações de trabalho dos professores são caracterizadas mais pela separação que pela interdependência; a maioria dos professores ainda passa a maior parte de seu tempo trabalhando com um grupo de alunos em uma área delimitada.[12] Além disso, o fato de trabalharem em um espaço circunscrito e submetido a uma fraca supervisão permite que muitos professores ignorem ou mesmo violem abertamente normas burocráticas, incluindo diretrizes, quando eles assim o desejam.[13]

Especificamente no ensino de engenharia, a persistência do modelo educacional convencional também parece estar relacionada ao modo como a engenharia passou de artesanato para profissão e desta para ciência. Schön[14] mostra que a engenharia se transformou em profissão no momento em que se aproximou de um modelo de solução técnica de problemas e foi posteriormente considerada ciência quando fundamentou essa técnica na teoria advinda da pesquisa básica e aplicada.

---

10 Dreeben (op. cit.).

11 Tardif, M. *Saberes docentes e formação profissional*. Petrópolis: Editora Vozes, 2002.

12 Lortie, D. C. *Schoolteacher*: a sociological study. Chicago: The University of Chicago Press, 1975.

13 Zeichner et al. (op. cit.).

14 Schön, D. A. *The reflective practitioner*: how professionals think in action. New York: Harper Collins, 1983.

A transição de profissão para ciência teria cristalizado uma separação entre o prático e o cientista, ou seja, entre os engenheiros e os pesquisadores. Aos primeiros caberia a investigação restrita sobre os problemas da prática, os quais deveriam ser levados aos segundos, responsáveis por conceber novas técnicas para sua solução. Essa separação entre aqueles que praticam e os que pesquisam explicaria a predominância do modelo da racionalidade técnica no ensino de engenharia.

Grosso modo, esse autor define o modelo da racionalidade técnica como aquele resultante da emergência da ciência a partir do século XIX e da decorrente preponderância de seu uso para explicar a realidade e seus fenômenos — buscando explicitar e manipular suas leis — no mundo contemporâneo. Como conseqüência desta concepção, as profissões passaram a ser vistas como veículos para a aplicação da ciência para o progresso humano. Entretanto, este modelo demonstra sinais de esgotamento, uma vez que o conhecimento científico tem se mostrado insuficiente para acomodar as incertezas e ambigüidades da prática profissional real.

No caso das engenharias, essa situação foi ainda agravada pelo prestígio adquirido pela ciência em meados do século XX, que levou as escolas de engenharia a apostarem em uma ciência da engenharia voltada para a possibilidade de fazer algo novo em vez de voltada para a capacidade de fazer algo útil. Isto fez com que os especialistas em determinada área da engenharia se tornassem os mais poderosos membros do corpo docente, tomando o lugar dos engenheiros práticos como modelos profissionais para os alunos.[15]

Sob um ângulo diferente, esse *status quo* também pode ser atribuído à forma como o ensino de engenharia se organizou. Alguns autores advogam que o ensino de engenharia,[16] ou mesmo o ensino como um todo,[17] espelha o modelo fabril. Esta forma de organização

---

15 Schön (op. cit.).

16 Sirvanci, M. Are the students the true customers of higher education? *Quality Progress*, Oct., pp. 99-102, 1996.

17 Tardif (op. cit).

explicaria várias de suas características, tais como o currículo linear e seqüencial (feito linha de montagem), o ensino mediante a transmissão de um mesmo conteúdo a um grande número de alunos, sem levar em conta as necessidades individuais (produção em massa), e a ênfase excessiva na avaliação de desempenho – fundamentada na premissa de que as especificações do produto definem seus padrões de desempenho – ao final de cada processo.

A influência do modelo da produção em massa pode ter sido ainda mais marcante no Brasil, já que aqui os princípios da organização científica do trabalho sistematizados por Taylor – alicerces do modelo de produção em massa – parecem ter sido utilizados para organizar as instituições de formação profissional (incluindo seus currículos e metodologias de ensino) antes de serem adotados pelas fábricas. A intenção desse procedimento era formar trabalhadores com as qualidades técnicas e sociais adequadas ao novo tipo de organização da produção que se esperava implantar na indústria.[18]

Essa característica teria sido reforçada posteriormente pela administração de Armando de Salles Oliveira, um dos fundadores do Instituto de Organização Racional do Trabalho (Idort), quando foi governador do Estado de São Paulo na década de 1930. Assim, afirma Bryan,[19] desde o início, as instituições de ensino tecnológico no país não se preocuparam com a formação de profissionais com a "função de conceber e executar seu trabalho, e tampouco de técnicos de todos os níveis para o desenvolvimento endógeno de tecnologia".

Para Moraes,[20] desse conjunto de aspectos resultaria um modelo de ensino de engenharia no qual predomina uma pedagogia

---

18 Bryan, N. A. P. Desafios educacionais da presente mutação tecnológica e organizacional para a formação de professores do ensino tecnológico. In: Bicudo, M. A. V.; Silva Jr., C. A. *Formação do educador, tarefa da universidade*. São Paulo: Editora Unesp, 1996. pp. 39-47.

19 Ibid., p. 41.

20 Moraes, M. C. O perfil do engenheiro dos novos tempos e as novas pautas educacionais. In: von Linsingen, I. et al. (Orgs.). *Formação do engenheiro*: desafios da atuação docente, tendências curriculares e questões contemporâneas da educação tecnológica. Florianópolis: Editora da UFSC, 1999. p. 64.

> que define comportamentos de entrada e de saída como verdadeiras linhas de montagem, seqüencial e hierárquica, previamente estruturada pelos professores ou pelo planejador, alienados do contexto sociocultural dos indivíduos. É um paradigma tradicional que tem compromisso com o passado, com as coisas que não podem ser esquecidas, que dá maior ênfase ao conformismo, que não percebe o lado construtivo do erro, que elimina as tentativas de liberdade e expressão.

É provável que esses aspectos institucionais das escolas de engenharia não só ajudem a determinar o tipo de instrução que nelas ocorre, como dificultem a adoção de novas metodologias educacionais, ainda que haja disposição para inovar da parte de alguns atores. Sabe-se que mesmo o idealismo de alguns professores pode se mostrar frágil quando confrontado com as exigências da instituição escolar. Isto os leva a fazerem concessões, adotando estratégias de sobrevivência de curto prazo.

Entretanto, as razões para a persistência dessa pedagogia também devem ser buscadas na cultura das instituições de ensino, já que o idealismo docente está sujeito às pressões advindas da concepção partilhada por colegas e alunos sobre o que vem a ser uma boa prática docente.[21] A literatura sugere que a cultura da maioria das instituições de Ensino superior está fundamentada em uma concepção positivista da ciência, que vê o conhecimento como acabado e desvinculado de seu contexto histórico.

De forma breve, define-se a concepção positivista da ciência — fundamentada na filosofia de Auguste Comte, popularizada a partir da segunda metade do século XIX — como aquela que afirma que o conhecimento cientifico — i.e., aquele construído por meio da aplicação do método científico — é o único conhecimento válido. Adjacente a essa afirmação está a crença de que a ciência é essencialmente cumu-

---

21 Ball, S. J.; Goodson, I. F. Understanding teachers: concepts and contexts. In: Ball, S. J.; Goodson, I. F. (Eds.). *Teachers' lives and careers*. Londres: Falmer Press, 1992. pp. 1-26.

lativa e transcultural (i.e., independente do contexto), que a realidade pode ser objetivada (i.e., a ciência está dissociada das crenças e valores do pesquisador) e que somente aquilo que é mensurável pode, ou mesmo deve, ser investigado, o que freqüentemente leva à redução do fenômeno a suas partes (e.g., processos sociais são reduzidos a relações entre indivíduos).

Uma decorrência do positivismo, a racionalidade instrumental enfoca a eficiência — em detrimento da eficácia — para atingir um fim, negligenciando o valor deste, ou seja, usa a razão somente como um instrumento para alcançar objetivos, não para determinar se estes são desejáveis ou mesmo corretos. Na medida em que se concentra em como fazer algo, a racionalidade instrumental minimiza a importância dos conhecimentos das ciências humanas e sociais que poderiam favorecer a compreensão holística do empreendimento e seu questionamento crítico.

Na universidade, o positivismo se traduz em uma cultura onde a disciplina intelectual é tomada como reprodução de palavras, textos e experiências do professor. Neste ambiente também se privilegia a memorização, o pensamento convergente, a resposta única e verdadeira, e valoriza excessivamente os conteúdos específicos e, entre eles, os relativos às ciências exatas e naturais.[22]

Nessa cultura universitária, os conteúdos estão voltados para a acumulação e para o mercado, pressupondo um vínculo entre a qualidade da formação profissional e a quantidade de informações recebidas em detrimento dos procedimentos instrucionais necessários para transformar essas informações em conhecimentos significativos e, conseqüentemente, duradouros. Sordi[23] sustenta que este pressuposto pode levar muitos docentes — pressionados pela expansão do conhecimento e conseqüente sobrecarga dos currículos (uma situa-

22 Cunha, M. I. Ensino com pesquisa: a prática do professor universitário. *Cadernos de Pesquisa*, n. 97, pp. 31-46, 1996.

23 Sordi, M. R. L. Avaliação da aprendizagem universitária em tempos de mudança: a inovação ao alcance do educador comprometido. In: Veiga, I. P. A.; Castanho, M. E. L. M. (Orgs.). *Pedagogia universitária*: a aula em foco. Campinas: Papirus, 2000. p. 233.

ção comum no ensino de engenharia) — a optarem por metodologias convencionais, já que nelas os alunos podem ser silenciados "para permitir que o professor ensine mais, mesmo que este ensino não se concretize em aprendizagem".

Há ainda o aspecto da desvalorização do ensino em algumas instituições onde se desenvolve pesquisa. Nessas instituições ocorre um fenômeno conhecido como "primado da pesquisa", termo cunhado por Kourganoff;[24] uma situação em que grande parte dos professores, pressionados por critérios de avaliação de desempenho docente que priorizam a quantidade de publicações, "consagra o essencial de sua atividade às suas 'pesquisas pessoais' [...] e os estudantes são passados para um segundo plano das preocupações universitárias". A prevalência destes critérios é atestada por estudos que mostram que há correlações positivas entre salário e produção acadêmica e correlações nulas ou negativas entre salário e produtividade no ensino.[25]

Embora o termo "primado da pesquisa" tenha sido primeiramente cunhado com relação à realidade francesa de 30 anos atrás, este fenômeno aparenta ser atual e universal, podendo também ser observado no meio acadêmico brasileiro de hoje. Aliás, é necessário acrescentar que a situação na França parece ser mais vantajosa na medida em que lá os profissionais cujo único interesse é a pesquisa têm a possibilidade de buscar colocação em institutos de pesquisa independentes das universidades, raros no Brasil, particularmente na área das engenharias. Além disso, sabe-se que a pesquisa industrial, com o aprofundamento do processo de globalização, tem se concentrado nos países desenvolvidos, reduzindo ainda mais o campo de trabalho para pesquisadores no Brasil, o que faz com que busquem realizar suas pesquisas na universidade e vejam o ensino, principalmente na graduação, como um mal necessário.

---

24 Kourganoff, W. *A face oculta da universidade*. São Paulo: Editora da Unesp, 1990. pp. 98-99.

25 Menges, R. J.; Austin, A. E. Teaching in higher education. In: Richardson, V. (Ed.). *Handbook of research on teaching*. Washington: Aera, 2001. pp. 1.122-1.156.

Esta difícil convivência da pesquisa com o ensino nas universidades foi investigada por Sancho Gil.[26] Os resultados deste estudo mostram algumas concepções equivocadas dos professores derivadas do "primado da pesquisa". Por exemplo, a autora coloca que, embora muitos docentes acreditem que os esforços para a melhoria da pesquisa sejam benéficos para o ensino, eles não crêem que o inverso seja verdadeiro. Isto faz com que receiem a introdução de inovações pedagógicas e coloquem todo o fardo do aprimoramento dos processos de ensino-aprendizagem nos ombros dos alunos,

> que deveriam estar prontos para calar e escutar e responder ao que o momento lhes pede e da forma que lhes é pedida. Deste modo não é o professorado que tem que desenvolver e adquirir conhecimentos e habilidades que contribuam para melhorar o rendimento do alunado. Há de ser este quem terá de empregar toda sua inteligência adaptativa para integrar a fragmentação, dar sentido ao conhecimento descontextualizado e se sobrepor à frustração de aprender o que sabe que precisará esquecer para seguir aprendendo ao longo de toda a sua vida.

No entanto, faz-se necessário neste momento do texto reafirmar a importância da pesquisa nas universidades. Em razão da importância do saber científico e tecnológico para a solução de problemas causados tanto pelo subdesenvolvimento quanto pelo desenvolvimento, a Unesco[27] sustenta: "É extremamente importante que as instituições do ensino superior mantenham um potencial de pesquisa de alto nível nas suas áreas de competência". Paralelamente, a pesquisa também ajudaria o docente a manter-se atualizado em uma época em que a produção de conhecimento acontece com uma rapidez jamais vista na história.

---

26 Sancho Gil, J. M. Docencia y investigación en la universidad: una profesión, dos mundos. *Educar*, v. 28, p. 28, 2001.

27 Delors, J. *Educação*: um tesouro a descobrir. São Paulo: Cortez/Unesco, 1999. p. 142.

Nessa direção, porém sem desejar se aprofundar na discussão sobre se todo professor universitário deveria obrigatoriamente ser um pesquisador, já que não há consenso sobre a idéia de que o corpo docente deve fazer pesquisa e com ela informar a docência,[28] Balzan[29] crê ser necessário formar alunos com a consciência da importância da disposição e motivação para o aprendizado durante toda a vida e questiona:

> De que adiantaria essa consciência se ele [professor] não dispusesse de autonomia de vôo, isto é, da capacidade de aprender por conta própria, que somente um forte e sistemático treino em pesquisa pode lhe assegurar?

De qualquer modo, parece ser fundamental a busca de um equilíbrio entre estas funções da universidade, pois a priorização da pesquisa pode ser bastante danosa ao ensino, principalmente na graduação, sendo a evasão escolar uma de suas conseqüências mais visíveis. Para ilustrar este ponto, é bastante mostrar que a taxa de evasão escolar na Universidade de São Paulo — uma das mais prestigiosas do país, com um concorrido processo de admissão — alcançou o patamar de 40% em anos recentes. Isto considerando somente a evasão *stricto sensu* e não a evasão *lato sensu*, não menos danosa, que diz respeito àqueles que, além do diploma, nada mais levam do curso que freqüentaram.[30]

É verdade que a evasão *stricto sensu* não pode ser imputada somente a esse aspecto; são muitos os motivos que levam alunos a abandonarem a universidade. Tampouco é possível associar a evasão *lato sensu* apenas à deficiência do ensino na graduação. Há certamente

---

28 Paiva & Warde (op. cit.).

29 Balzan, N. C. Indissociabilidade ensino-pesquisa como princípio metodológico. In: Veiga, I. P. A.; Castanho, M. E. L. M. (Orgs.). *Pedagogia universitária*: a aula em foco. Campinas: Papirus, 2000. p. 16.

30 Marcovitch, J. *Universidade viva*. São Paulo: Mandarin, 2001.

causas econômicas, sociais e individuais importantes por trás destes fenômenos que não podem ser negligenciadas.

Todavia, ainda que outros fatores conjunturais e institucionais — e.g., o mercado de trabalho e a adoção de vestibulares estanques que forçam os jovens a escolherem suas futuras carreiras quando não estão suficientemente maduros ou informados para fazê-lo — tenham sua parcela de responsabilidade, a evasão nas universidades também pode ser conseqüência da negligência com relação ao ensino segundo muitos autores. É o que acredita Marcovitch,[31] já que entre as ações que defende para diminuir a evasão na graduação estão a flexibilização dos currículos, a "adoção de mecanismos de incentivo ao docente, valorizando-se a sua participação em programas de assistência didática" e "a inovação das técnicas de ensino, tanto para beneficiar os alunos quanto para atualizar os docentes".

Por outro lado, sabe-se que as características individuais dos professores também contribuem para a manutenção das práticas convencionais de ensino. Os docentes, na medida em que são elementos constitutivos das instituições de ensino, podem abrigar o mesmo antagonismo atribuído a estas, ou seja, podem aspirar à inovação e ao aprimoramento de seu fazer e, simultaneamente, desejar manter o *status quo*. Este desejo de manter as práticas estabelecidas seria ainda mais forte na profissão docente como um todo, já que geralmente atrai as pessoas que buscam a segurança de seus estatutos e os "bons alunos", isto é, aqueles indivíduos que foram bem-sucedidos no modelo vigente e, portanto, não vêem motivos para modificá-lo ou melhorá-lo.[32]

Outros aspectos individuais também podem contribuir para a manutenção do *status quo* no ensino de engenharia. As características dos professores, tais como o momento de suas carreiras e vidas, seus interesses, concepções e valores, influenciam as escolhas e decisões que tomam com relação a sua aula. Ademais, a compreensão do mo-

---

31 Marcovitch (op. cit., pp. 48-58).

32 Gil Villa, F. *Crise no professorado*: uma análise crítica. Campinas: Papirus, 1998.

mento da vida[33] e da carreira[34] do professor poderia ajudar a entender sua atuação profissional. Por exemplo, é possível supor que, em geral, um professor em fim de carreira — na fase de desinvestimento profissional — não vá acolher facilmente diretrizes que acarretem mudanças significativas em seu fazer.

O mesmo se pode dizer de um professor cuja concepção de ensino não condiz com modificações curriculares ou metodológicas que impliquem um processo de ensino-aprendizagem mais ativo e centrado no aluno. Sabe-se hoje que as crenças, os valores, as suposições que os professores têm sobre ensino, matéria, conteúdo curricular, alunos, aprendizagem, entre outros aspectos, estão na base de sua prática de sala de aula.[35]

De qualquer forma, esta somatória de razões institucionais, culturais e individuais parece contribuir para a manutenção do *status quo* em escolas de engenharia. Nestas predominam ambientes de aprendizagem convencional, onde a prática é sempre precedida pela teoria, a qual é transmitida de forma compartimentada, linear, seqüencial e acrítica, principalmente por meio de aulas expositivas para um grande número de alunos.

Desta situação resulta que muitos alunos saem das escolas com um grande conhecimento livresco e uma grande habilidade mental para idéias, mas incapazes de aplicá-los em um projeto concreto e realizável. Quer dizer, os alunos saem das escolas com uma formação inadequada para o atual contexto de atuação em engenharia, que requer profissionais criativos e empreendedores.

Essa inadequação é decorrente do fato de os alunos escutarem aulas e armazenarem conhecimentos de segunda mão em vez de serem orientados a saber pensar. Por conseguinte, não sabem elaborar

---

33 Sikes, P. J. The life cycle of the teacher. In: Ball, S. J.; Goodson, I. F. (Eds.). *Teachers' lives and careers*. Londres: Falmer Press, 1992. pp. 27-60.

34 Huberman, M. O ciclo de vida profissional dos professores. In: Nóvoa, A. (Org.). *Vidas de professores*. Porto: Porto Editora, 1995. pp. 31-61.

35 Mizukami, M. G. N. Docência, trajetórias pessoais e desenvolvimento profissional. In: Reali, A. M. M. R.; Mizukami, M. G. N. (Orgs.). *Formação de professores*: tendências atuais. São Carlos: EdUFSCar, 1996. pp. 59-91.

com mão própria, preferindo engolir os conteúdos sem conseguirem apresentar uma proposta original. São incapazes de manejar conhecimentos, isto é, não sabem recorrer à pesquisa como forma de aprendizagem e renovação de conhecimentos.

No ensino convencional os alunos estudam para provas e muitos professores medem a qualidade de seus cursos pelo índice de reprovação nelas. Neste contexto as instituições ainda insistem em promover o domínio de conteúdos, que ficam obsoletos rapidamente, em vez das habilidades básicas de aprendizagem permanente. Ademais, os currículos não refletem o fato de que, conquanto não exista profissional sem domínio específico de conteúdos, a aprendizagem não é um processo cumulativo linear.[36]

CURRÍCULOS DE ENGENHARIA

Os currículos de engenharia no Brasil entendem a aprendizagem como um processo cumulativo linear e são pautados no modelo da racionalidade técnica, isto é, na suposição de que a atividade profissional consiste na solução de problemas mediante a simples aplicação da técnica e da teoria científicas. Nada mais antagônico ao exercício da engenharia, já que, embora sendo orientado pelos conhecimentos científicos, o fazer dos engenheiros não é controlado somente pelos fatos físicos, pois gerencia esses conhecimentos de modo a agrupá-los em novas relações. Não existe uma visão mais equivocada que aquela que mostra engenheiros implacavelmente guiados pela matemática e por processos laboratoriais a uma solução única para seus problemas; as soluções raramente são únicas na engenharia.[37]

---

36 Demo, P. Profissional do futuro. In: von Linsingen, I. et al. (Orgs.). *Formação do engenheiro*: desafios da atuação docente, tendências curriculares e questões contemporâneas da educação tecnológica. Florianópolis: Editora da UFSC, 1999. pp. 29-50.

37 Cross, H.; Goodpasture, R. C. An engineer looks at himself. In: Davenport, W. H.; Rosenthal, D. (Eds.). *Engineering*: its role and function in human society. Londres: Pergamon Press, 1967. pp. 80-83.

A despeito dessa constatação, a maioria dos currículos de engenharia segue dando ênfase excessiva à acumulação de conteúdos de natureza predominantemente técnica e científica, trabalhados em um número elevado de disciplinas, em que raramente se cogita sobre o significado desses conteúdos. Nestes currículos, raramente há lugar para a resolução de problemas em grupos e promoção da criatividade.

De fato, há pouca preocupação em desenvolver habilidades e atitudes profissionais e sociais dos alunos. Em alguns currículos de engenharia, é possível encontrar disciplinas em que atitudes são discutidas (e.g., ética profissional), o que demonstra desconhecimento – por parte daqueles que os conceberam – de que habilidades e atitudes podem ser mais bem trabalhadas por meio da forma, isto é, da metodologia de ensino.

Os conteúdos trabalhados nas disciplinas dos currículos de engenharia são geralmente conhecimentos fixos e acabados, isto é, informações legitimadas pela ciência, sendo raramente problemas e dilemas enfrentados hoje no mundo real. As atividades de laboratório existentes nos currículos de engenharia geralmente consistem na mera reprodução de procedimentos para confirmar a teoria, mas mesmo assim são consideradas como pesquisa.

Esse tipo de currículo poderia ser classificado como "coleção". Bernstein, citado por Cunha,[38] define dois tipos de currículo: "coleção" e "integração". Nos currículos do tipo "integração" os limites entre os conteúdos são pouco definidos. Ao contrário, no currículo do tipo "coleção" há uma estrutura bastante fechada, com profundas fronteiras entre os conteúdos e forte enquadramento. A literatura mostra que os currículos "coleção" são predominantes nos cursos universitários que trabalham com conhecimentos com maior valor de mercado, como é o caso dos cursos de engenharia.

É uma reclamação constante entre alunos e professores que essa coleção de disciplinas deixa aos alunos pouco tempo para estudo in-

---

38 Cunha, M. I. Aportes teóricos e reflexões da prática: a emergente reconfiguração dos currículos universitários. In: Masetto, M. T. (Org.). *Docência na universidade*. Campinas: Papirus, 2002. pp. 27-38.

dependente e atividades extracurriculares. De fato, a carga horária de contato direto professor–aluno em cursos de engenharia no Brasil é considerada alta mesmo quando comparada àquela de currículos de instituições estrangeiras que adotam o mesmo modelo educacional. Esta disparidade é atribuída ao entendimento de que caberia ao professor suprir na sala de aula a carência existente de laboratórios e bibliotecas em muitas instituições brasileiras à época da implantação dos cursos.[39]

Essa alta carga horária de contato direto professor–aluno em currículos de engenharia também pode ser atribuída à confusão entre o que se entende por currículo. Muitos educadores e planejadores educacionais confundem currículo com grade curricular — i.e., o conjunto de disciplinas, conteúdos e cargas horárias.[40] O currículo, por sua vez, extrapola a grade curricular, englobando todas as situações de aprendizagem, tais como as visitas técnicas, as pesquisas em bibliotecas e na Internet, as entrevistas com especialistas, a participação de simpósios e congressos, o envolvimento com projetos de extensão, entre outras.

Já a organização das disciplinas nos currículos parece refletir a concepção positivista do conhecimento presente no Ensino superior como um todo no país, ou seja, a idéia de que o aluno precisa ter domínio da teoria para conseguir entender a realidade e a prática profissional. Para atingir esta finalidade, as disciplinas são dispostas seqüencialmente e linearmente, de modo que os alunos sejam expostos às ciências básicas nos primeiros anos, depois às ciências aplicadas e laboratórios e, comumente no quinto ano, às disciplinas práticas (estágios e projetos). Por intermédio das últimas busca-se integrar dos conhecimentos transmitidos durante todo o curso. Quando há uma tentativa de colocar os alunos em contato com a engenharia nos primeiros anos, isto geralmente ocorre em disciplinas de cunho informativo.

---

39 Salum (op. cit., pp. 107-117).

40 Borges, M. N.; Vasconcelos, F. H. Novos princípios e conceitos do projeto curricular para cursos de graduação em engenharia. *Revista de Ensino de Engenharia*, n. 17, pp. 19-26, 1997.

Nesse modelo, os currículos também são estruturados de modo a segregar os alunos em termos cronológicos e em termos de disciplinas. Sua ênfase é geralmente colocada na apresentação do conteúdo por meio de fatos, conceitos teóricos e procedimentos computacionais, sendo esta ditada pelo ponto, isto é, o objetivo do professor é cobrir certo número de tópicos estabelecidos pelo currículo.

A perpetuação desse modelo curricular na formação em engenharia é considerada negativa, já que a forma como os currículos são estruturados define o processo de ensino-aprendizagem que neles acontece. Uma carga horária excessiva de contato direto (aulas e laboratórios) sinaliza a ocorrência de um ensino centrado no professor, enquanto a separação entre as matérias das ciências básicas, aplicadas e profissionalizantes dificulta o entendimento da importância da ciência na prática profissional. Ademais, a localização dos momentos de integração de conhecimentos (projetos de último ano) nos cursos já pressupõe que, individualmente ou em pequenos grupos, os conhecimentos não têm sentido.[41]

Os atuais currículos de engenharia também tendem a repetir os mesmos conteúdos em várias disciplinas, o que é atribuído pelos professores ao fato de os alunos chegarem a sua disciplina sem saber determinado conteúdo-requisito para o entendimento de sua disciplina. O fato de muitas vezes os docentes terem razão nesta justificativa indica o descompasso na relação ensino-aprendizagem, principalmente quanto à lógica da seqüência do aprendizado e à forma com que os conteúdos são integrados, ou mesmo trabalhados.[42]

Para contrabalançar os efeitos deletérios desse modelo instrucional no ensino de engenharia, propõe-se o ensino das ciências básicas à maneira *just-in-time* (i.e., sob demanda), buscando somente o conhecimento necessário para dar suporte àquilo que está sendo trabalhado no momento, em vez de ensinar todo o conteúdo dessas disciplinas nos primeiros anos e confiar na memória dos alunos quando

41 Salum (op. cit.).

42 *Idem.*

esses conhecimentos forem necessários nos últimos anos.[43] Além disso, recomenda-se que a teoria seja introduzida em um contexto de aplicações reais de engenharia.

Para se chegar a um currículo que atenda às necessidades dos futuros engenheiros, alguns autores propõem o abandono do modelo "coleção" e a adoção de uma abordagem sistêmica de planejamento curricular.[44] Esse planejamento — envolvendo a colaboração dos docentes responsáveis pelos conteúdos — deveria incluir a definição das metas (pressupostos filosóficos e políticos) e os objetivos (em termos daquilo que os alunos deverão saber realizar) dos programas de estudo, a escolha de metodologias de ensino-aprendizagem que dêem conta desses objetivos, a inclusão de mecanismos de avaliação de desempenho e aprimoramento contínuo de alunos, docentes e programas, a integração dos conteúdos e a aproximação entre os atores (professores, alunos de vários anos e administradores), entre a teoria e a prática, entre a escola e o mundo do trabalho e entre a academia e a comunidade.

AULA NA ENGENHARIA

Um rápido olhar sobre o que ocorre na maioria das escolas de engenharia brasileiras — e na maioria dos países — mostra que nelas prevalece o modelo convencional de ensino, quer dizer, o ensino centrado no professor, na transmissão/recepção de conteúdos científicos e tecnológicos e nos resultados. Esta metodologia tradicional de ensino — embora não possa ser caracterizada como um modelo único — fundamenta-se principalmente na transmissão de conhecimentos pelo professor e recepção passiva da parte dos alunos.

Paradoxalmente, a metodologia tradicional ao processo de ensino-aprendizagem tem bastante aceitação em universidades que realizam pesquisa, apesar de não se fundamentar implícita ou explicitamente

---

43 Sheahan, B. H.; White, J. A. Quo vadis, undergraduate engineering education? *Engineering Education*, Dec., pp. 1.017-1.022, 1990.

44 Borges & Vasconcelos (op. cit.).

em teorias empiricamente validadas, mas numa prática educativa e na sua transmissão através dos anos.[45] Nesta direção, é preciso lembrar que a metodologia convencional de ensino foi criada quando os livros eram raros e caros e a aula expositiva era uma forma eficiente de transmitir conhecimentos. Embora considerem que possa ser eficiente em determinadas situações educacionais, Duch[46] e outros autores creditam a persistência da metodologia expositiva no Ensino superior ao fato de ser "familiar, fácil e como nós aprendemos. Contudo, pouco faz para favorecer o desenvolvimento de habilidades processuais para complementar o conhecimento do conteúdo".

Se a adoção de abordagens expositivas é corriqueira em muitas instituições de Ensino superior, é possível presumir que seu uso tenha ainda maior aceitação no ensino de engenharia. De fato, a literatura indica a grande disseminação desta metodologia no ensino das ciências exatas e aplicadas — nas quais prevalece uma cultura institucional pautada na perspectiva positivista da ciência — e em instituições que abrigam programas de pós-graduação e, conseqüentemente, pesquisa.[47] Uma caracterização que se aproxima muito das escolas de engenharia brasileiras, em particular: das públicas.

Essas metodologias convencionais de ensino parecem ser prestigiadas nas escolas de engenharia a despeito de tampouco corresponderem ao que a literatura sugere para a educação de adultos. A literatura sugere que o ensino de adultos deveria estar mais direcionado à satisfação das necessidades e dos interesses dos alunos, às situações reais, à análise de experiências, à autonomia dos alunos.

Para Knowles,[48] "o papel do professor é comprometer-se com um processo de mútua investigação com eles ao invés de transmitir-lhes

---

45 Mizukami, M. G. N. *Ensino*: abordagens do processo. São Paulo: Editora Pedagógica, 1986.

46 Duch, B. J.; Groh, S. E.; Allen, D. E. Why Problem-Based Learning? A case study of institutional change in undergraduate education. In: Duch, B. J. et al. (Eds.). *The power of Problem-Based Learning*. Sterling: Stylus, 2001. p. 5.

47 Menges & Austin (op. cit.).

48 Knowles, M. *The adult learner*: a neglected species. Houston: Gulf Publishing Company, 1984. p. 31.

seu conhecimento e depois avaliar sua conformidade". O autor também coloca que a educação de adultos deveria atentar para as diferenças individuais dos alunos, mais marcantes à medida que amadurecem, considerando seus diferentes estilos, tempos e ritmos de aprendizagem — o que parece não ocorrer em ambientes de ensino convencionais.

Os alunos adultos — definidos como aqueles que têm 25 ou mais anos e/ou já estão inseridos no mercado de trabalho[49] — constituem um segmento da população estudantil significativo na pós-graduação em engenharia e tende a crescer no nível da graduação. Ademais, conquanto muitos alunos de graduação nesta área de conhecimento não possam ser considerados adultos segundo este critério, esta é a postura que se espera deles ao final do curso. Assim, caberia à instituição de Ensino superior prepará-los para atender também a esta expectativa, contribuindo para contrabalançar os efeitos infantilizantes e apassivadores da sociedade de consumo.

De qualquer forma, mesmo os autores que não contestam a eficiência da metodologia convencional no ensino de engenharia — em determinadas circunstâncias — admitem que ela favorece um único grupo de alunos. Felder,[50] por exemplo, defende que somente os alunos com um estilo de aprendizagem intuitivo, verbal, dedutivo, reflexivo e seqüencial se adaptariam bem a este tipo de ensino.

Por outro lado, a literatura sobre perfis desejáveis de engenheiros sugere que a sala de aula convencional não seja capaz de atender de modo eficaz aos objetivos educacionais voltados para uma formação que concorra para uma vida profissional bem-sucedida. Isto é, não é possível atingir os objetivos de conhecimentos, habilidades e atitudes — i.e., domínio do conhecimento específico e o desenvolvimento de habilidades e atitudes, tais como a solução de problemas, o pensamento crítico e criativo, habilidades comunicativas e interpes-

---

49 *Idem.*

50 Felder, R. M. American engineering education: current issues and future directions. *International Journal of Engineering Education*, v. 9, n. 4, pp. 266-269, 1993.

soais, ética e respeito pelas opiniões de outros — mediante a recepção passiva e acrítica de conhecimentos fixos e acabados.

Mesmo quando é permitido aos alunos participar ativamente nas salas de aula e nos laboratórios convencionais, por meio da colocação de problemas, estes geralmente não representam situações reais de atuação profissional. As situações enfrentadas por profissionais são na maior parte das vezes incertas e desordenadas. Isto parece ser particularmente verdadeiro na prática da engenharia, segundo Prata,[51] na qual não se dá a este profissional a possibilidade de escolher o problema com que deseja trabalhar; "ele deve resolver os problemas que lhe são postos e que, muitas vezes, envolvem aspectos não corriqueiros e cuja solução, em geral, deve satisfazer interesses conflitantes".

Schön[52] ilustra a dicotomia entre a prática e o trabalho escolar em um ambiente de aprendizagem tradicional, colocando as características dos problemas utilizados no ensino convencional de engenharia civil e daqueles comumente enfrentados por estes profissionais em seu quotidiano. Um problema no ensino convencional demanda, por exemplo, que os alunos aprendam a construir uma estrada, enquanto na vida real o principal problema dos engenheiros civis é decidir qual estrada construir. Em função destes dilemas da prática, os engenheiros deveriam saber conciliar conhecimentos em ciência e tecnologia a aspectos econômicos, sociais e políticos do contexto de intervenção, estimar os impactos ambientais, enfrentar questões orçamentárias, negociar com empreiteiros e comandar mão-de-obra.

A despeito disso, os problemas na sala de aula convencional de engenharia seguem objetivando, via de regra, somente a aplicação de conhecimentos previamente ensinados e cuja resolução segue fórmulas e procedimentos preestabelecidos. Além de ser uma metodologia de aprendizagem questionável, a resolução mecânica de problemas

---

51 PRATA, A. T. Comentários sobre a atuação do engenheiro-professor. In: VON LINSINGEN, I. et al. (Orgs.). *Formação do engenheiro*: desafios da atuação docente, tendências curriculares e questões contemporâneas da educação tecnológica. Florianópolis: Editora da UFSC, 1999. p. 161.

52 Schön (op. cit.).

parece não encorajar um tipo de comportamento desejável na atuação de qualquer profissional: a criatividade. A promoção da criatividade dos alunos é importante, visto que o novo ambiente de trabalho dos engenheiros, por causa dos aspectos arrolados anteriormente, rejeita os profissionais cujas funções podem ser automatizadas e seleciona aqueles que são tecnicamente competentes e demonstram as habilidades e atitudes compatíveis com uma organização inovadora.[53]

Os problemas propostos nas abordagens convencionais de ensino de engenharia também são criticados por serem quase sempre de fim fechado, isto é, com uma única resposta correta (o "*one best way*" do taylorismo), em que o conteúdo em questão determina o tipo de problema a ser resolvido. Ademais, são utilizados procedimentos inadequados, em que fatores relevantes são negligenciados, o que leva à solução correta de problemas errados.[54] Nestas situações, a heurística geralmente toma a dianteira dos procedimentos, sendo considerada mais importante que os problemas que ajuda resolver, apesar de se saber que na vida real o procedimento de solução é dependente do problema, de sua estrutura, de seu assunto e contexto.

Ainda na perspectiva da educação de adultos, Kidd[55] afirma que não há uma "resposta correta" à maioria dos problemas significativos enfrentados por estes indivíduos, já que seria impossível verificá-la a ponto de se remover toda a dúvida. Segundo o autor, esta incerteza faz parte dos problemas nas empresas, nas relações familiares e na política. Além disso, os alunos deveriam ser estimulados a pensar sobre o impacto das soluções propostas por eles em outros indivíduos, na sociedade e no meio ambiente.

Inversamente ao que ocorre na sala de aula convencional de engenharia, os alunos deveriam ser ensinados a valorizar o erro, em vez

---

53 Silva, D. O engenheiro que as empresas querem hoje. In: von Linsingen, I. et al. (Orgs.). *Formação do engenheiro*: desafios da atuação docente, tendências curriculares e questões contemporâneas da educação tecnológica. Florianópolis: Editora da UFSC, 1999. pp. 77-88.

54 Belhot, R. V. Repensando o ensino de engenharia. In: Congresso Brasileiro de Ensino de Engenharia, 24., 1996, Manaus. *Anais*... Manaus, 1996. v. 2, pp. 27-36.

55 Kidd, J. R. *How adults learn*. Englewood Cliffs: Prentice Hall, 1978.

de se concentrarem na busca da "resposta correta", já que ele pode constituir importantes oportunidades de aprendizagem. Neste sentido, é necessário lembrar que um dos propósitos mais importantes da educação de adultos é conferir-lhes a oportunidade de trabalhar com soluções independentes do alto custo dos erros. Ao assumirem papéis, os alunos podem propor soluções concretas para problemas em condições reais, porém simuladas, nas quais os efeitos dos "erros" não são tão desastrosos.

Essa valorização da resposta correta é particularmente marcante nos procedimentos de avaliação de desempenho dos alunos usualmente adotados pelas universidades. Estas não parecem levar em conta que a avaliação é um processo dinâmico de reflexão e tampouco entendem a avaliação e a aprendizagem como um só processo. Ao contrário, nestas instituições a avaliação é quase sempre somativa, ou seja, raramente subsidia a formação dos alunos, o desenvolvimento profissional dos docentes ou o aprimoramento das disciplinas/cursos.

De modo geral, a sistemática de avaliação existente na maior parte do ensino de engenharia também não atende às recomendações encontradas na literatura para uma avaliação eficaz e eficiente, que demanda a diversificação dos instrumentos de avaliação, a descentralização dos momentos de avaliação, a adequação da forma de avaliação ao tipo de habilidade ou competência que se deseja avaliar, a explicitação junto aos alunos dos critérios de avaliação, o uso de instrumentos de auto-avaliação dirigidos e orientados por critérios determinados coletivamente, a utilização de instrumentos de avaliação global analisando atitudes diante do conhecimento e da aprendizagem (frente a si mesmo e aos outros) e a adoção de processos paralelos de recuperação efetivos.[56]

---

56 Ramos, E. M. F. O papel da avaliação educacional nos processos de aprendizagens autônomos e cooperativos. In: von Linsingen, I. et al. (Orgs.). *Formação do engenheiro*: desafios da atuação docente, tendências curriculares e questões contemporâneas da educação tecnológica. Florianópolis: Editora da UFSC, 1999. pp. 207-230.

Como é comum em metodologias convencionais de ensino, na maioria das escolas de engenharia o desempenho dos alunos é medido por meio de provas, nas quais a boa memorização de fatos e dados é fator fundamental de sucesso. Essas provas geralmente se concentram no meio e no final do semestre, e seus critérios são determinados pela instituição, freqüentemente pelos próprios professores responsáveis pela disciplina. Esses critérios geralmente não são explicitados, ou seja, não é explicado claramente aos alunos o que se espera que saibam ao final do curso. Raramente habilidades e atitudes são avaliadas, e a avaliação por pares ou do processo é virtualmente inexistente.

O desempenho insatisfatório nas provas e nos relatórios é em geral atribuído aos alunos e, em casos extremos, aos professores. Desta forma, analogamente ao modelo de produção em massa, culpam-se os atores pelo fracasso escolar em vez de se buscar a causa da deficiência no processo de ensino-aprendizagem. Pouco se cogita que a razão do fraco desempenho dos alunos poderia estar na utilização de metodologias de ensino que falharam, de acordo com Bruner,[57] "ao arregimentar as energias naturais que sustentam a aprendizagem espontânea: a curiosidade, o desejo de competência, a aspiração de seguir um modelo, e a dedicação e reciprocidade social".

DOCÊNCIA NA ENGENHARIA

A principal característica dos professores dessa área de conhecimento é a carência de formação pedagógica. No ensino de engenharia, como acontece no Ensino superior em geral, é bastante provável que a maioria dos professores das disciplinas básicas e específicas advenha diretamente de bacharelados e de programas de pós-graduação, nos quais há pouco ou nenhum conteúdo ou prática pedagógica.

Entretanto, esta deficiência não parece oferecer obstáculos à contratação dos professores, já que esta ainda aparenta se fundamentar

---

57 Bruner, J. S. *Uma nova teoria da aprendizagem*. Rio de Janeiro: Bloch, 1973. p. 125.

na crença, colocada por Masetto,[58] "inquestionável até bem pouco tempo, vivida tanto pela instituição que convidava o profissional a ser professor quanto pela pessoa convidada ao aceitar o convite: quem sabe, automaticamente, sabe ensinar". Isto é um paradoxo, já que a universidade reconhece que há um conhecimento específico para o exercício da docência mediante a oferta de cursos de licenciatura que o legitima por meio da diplomação, mas nega sua existência quando se trata de seus próprios docentes.[59]

Mesmo após a contratação de professores sem formação pedagógica, as instituições raramente oferecem oportunidades para sua capacitação em serviço no próprio local de trabalho e tampouco os encoraja a buscá-la em outros lugares — um reflexo da desvalorização do ensino e do "primado da pesquisa". Sheahan & White[60] ilustram esta situação relatando que estiveram muitas vezes perante seus chefes de departamento para apresentar pesquisas e publicações, mas ninguém jamais esteve em suas aulas para avaliar suas habilidades didáticas.

A ausência de formação pedagógica somada ao contexto da sala de aula de engenharia, constrita e com um número grande de alunos com diferentes níveis de motivação, faz com que o docente em geral adote metodologias expositivas de ensino. Para Dreeben, na falta de alternativas metodológicas, de modo a conseguir a atenção e o envolvimento dos alunos, só resta ao professor postar-se à frente da sala e tentar manter os procedimentos de instrução e gerenciamento da sala de aula sob seu comando, falando (palestrando, perguntando e demonstrando) a maior parte do tempo e controlando "a participação dos alunos (presumivelmente reduzindo sua imprevisibilidade) mediante perguntas rápidas que reduzem

58 Masetto, M. T. Professor universitário: um profissional da educação na atividade docente. In: Masetto, M. T. (Org.). *Docência na universidade*. Campinas: Papirus, 2002. p. 11.

59 Cunha, M. I. Ensino como mediação da formação do professor universitário. In: Morosini, M. C. (Org.). *Professor do ensino superior*: identidade, docência e formação. Brasília: Plano Editora, 2001.

60 Sheahan & White (op. cit.).

o envolvimento dos alunos, em especial, às situações criadas pelo professor".[61]

As instituições de ensino ainda reforçam essa prática convencional de ensino ao encorajar os docentes a buscarem a eficiência em vez da eficácia, apenas cumprindo o programa, administrando a sala de aula e desenvolvendo a habilidade de imitar formas clichês de ensinar. Assim, a energia dos professores, que deveria ser utilizada na reflexão sobre sua prática e na concepção de novas formas de ensinar, acaba por ser despendida na imitação do fazer de professores que tiveram quando alunos.

No ambiente educacional convencional, mesmo os bons professores trabalham na perspectiva de transmissão de conhecimento, o que é aceito ou até esperado pelos alunos. Pautam sua prática em suas próprias vivências como alunos, repetindo as experiências que consideram positivas e evitando as negativas, acarretando assim um ciclo de reprodução. Alguns professores podem até apresentar bem o conteúdo, mas desconhecem procedimentos que poderiam promover o desenvolvimento da autonomia e a disposição para a aprendizagem contínua dos alunos.

Porém, é preciso ressaltar que a situação de ausência de formação não reflete necessariamente desinteresse pelo ensino e não se deseja, obviamente, retornar a uma situação preexistente em universidades públicas brasileiras, anterior à reforma universitária de 1968 e ainda corriqueira em instituições privadas, na qual os docentes não desenvolvem pesquisas e são meros transmissores de conhecimentos fixos e acabados. Sabe-se que muitos professores de engenharia e das demais áreas procuram nortear seu trabalho pelo princípio de indissociabilidade entre ensino e pesquisa.

Todavia, isto só pode ser atingido com o apoio da instituição, fornecendo-lhes as condições necessárias para que realizem pesquisa e ensino de boa qualidade. É possível supor que, quando as instituições provêem aos professores as condições para que reflitam, discutam e aprimorem sua prática, eles o façam. A literatura indica que há

61 Dreeben (op. cit., p. 466).

muitos professores sem nenhuma formação como educadores (e.g., médicos e engenheiros), mas que estão predispostos a inovar e criar condições de ensino condizentes com as necessidades dos alunos.[62]

Em suma, a combinação de ausência de formação pedagógica, falta de interesse pelo ensino, valorização da pesquisa em detrimento do ensino e condições insuficientes para realizar pesquisa e ensino simultaneamente, faz com que muitos dos professores de engenharia, mesmo os bem-intencionados, sejam engenheiros (ou matemáticos, químicos, físicos, entre outros bacharéis) que ensinam. Apenas transmitem informações, raramente refletem sobre suas práticas e reproduzem os mesmos procedimentos pedagógicos que vivenciaram como alunos.

Independentemente de os professores de engenharia estarem genuinamente interessados no ensino e/ou de as instituições valorizarem pouco as habilidades didáticas de seus docentes, a necessidade de capacitação de professores para o Ensino superior parece ser consenso entre muitos estudiosos. Por exemplo, a Unesco recomenda que — nesta época de rápidas transformações e grande produção de conhecimentos, em que se espera que as instituições de Ensino superior satisfaçam as necessidades educativas de um público cada vez mais numeroso e variado — seja dada maior importância à qualidade da formação oferecida aos professores e à qualidade do ensino prestado.[63]

Este consenso também emana do entendimento de que não haveria mais lugar nas universidades para o professor "fonte de conhecimentos" no mundo de hoje. Cunha[64] acredita que a revolução tecnológica das últimas décadas esteja produzindo "a fórceps" uma nova docência, e manter o modelo do professor detentor e transmissor de informações seria o mesmo que sentenciar a docência universitária à

62 Pimentel, M. G. Professores emergentes falam de sua prática. In: Reali, A. M. M. R.; Mizukami, M. G. N. (Orgs.). *Formação de professores*: tendências atuais. São Carlos: EdUFSCar, 1996. pp. 167-172.

63 Delors (op. cit.).

64 Cunha (2001).

extinção, já que poderia, facilmente e com vantagem, ser substituída pelos meios de comunicação e pelas mídias.

Não obstante a existência desse consenso, não há clareza com relação à forma como a capacitação pedagógica do professor de engenharia poderia ocorrer. Prata, por exemplo, sugere que as questões pedagógicas sejam valorizadas, sem especificar como isto deve ser feito, "nas boas escolas de engenharia [...] a ponto de estimular e provocar a auto-formação dos docentes nesta área".[65] Já Felder[66] propõe que cursos de capacitação em didática no Ensino superior sejam oferecidos a alunos de pós-graduação e a docentes, além de programas para novos professores. Neste sentido, Masetto[67] relata algumas iniciativas para a formação de docentes para o Ensino superior no Brasil, que poderiam ser utilizadas em escolas de engenharia. Bemowski[68] também coloca algumas experiências inovadoras a este respeito, tais como laboratórios de ensino, aos quais os docentes podem recorrer para aprimorar sua metodologia de ensino.

De qualquer maneira, sendo essa capacitação formal ou informal, antes e/ou durante o exercício da docência, a literatura mostra que a formação de professores, em quaisquer campos de conhecimento, é um processo complexo e envolve condições que extrapolam a preparação técnica. Os fatores que levam um indivíduo a ser um bom professor universitário são igualmente complexos, já que nem mesmo um tempo longo de experiência garante eficácia nesta atividade.[69]

A literatura também mostra que há vários tipos de conhecimento ou saberes necessários para uma prática docente eficaz. Ainda que seja imprescindível, o domínio do conteúdo específico é apenas um dos elementos que compõem os saberes docentes. Além dos saberes

---

65 Prata (op. cit.).

66 Felder (op. cit., p. 177).

67 Masetto, M. T. Pós-graduação: rasteando o caminho percorrido. In: Serbino, R. V. et al. (Orgs.). *Formação de professores*. São Paulo: Editora da Unesp, 1998. pp. 149-160.

68 Bemowski, K. Restoring the pillars of higher education. *Quality Progress*, Oct., pp. 37-42, 1991.

69 Menges & Austin (op. cit.).

disciplinares que correspondem aos diversos campos do conhecimento, Tardif arrola os saberes curriculares (i.e., objetivos, conteúdos e metodologias de ensino) e os saberes experienciais (i.e., advindos da prática). De acordo com o autor, idealmente o professor "deve conhecer sua matéria, sua disciplina e seu programa, além de possuir certos conhecimentos relativos às ciências da educação e à pedagogia e desenvolver um saber prático baseado em sua experiência cotidiana com os alunos".[70]

Nessa direção, Shulman[71] considera o domínio do conteúdo como componente de um todo maior que chama de base de conhecimento da docência. Essa base inclui outros conhecimentos, tais como o conhecimento pedagógico geral, o conhecimento pedagógico do conteúdo, o conhecimento do aluno e de suas características, o conhecimento do currículo e o conhecimento das finalidades, valores e bases históricas da educação. Entre esses componentes destaca-se o conhecimento pedagógico do conteúdo, isto é, a forma como o professor combina o conhecimento do conteúdo específico com os demais conhecimentos (i.e., pedagógico geral, dos alunos, do contexto, entre outros) de modo a promover a aprendizagem dos alunos.

Esses autores acreditam que para desenvolver adequadamente esses saberes/conhecimentos da docência todo professor deveria ser capacitado. Porém, no caso de professores de engenharia, existe pouca literatura a respeito do desenvolvimento profissional de professores com a característica mencionada, isto é, sem formação inicial. Por outro lado, sabe-se que a preparação para a docência somente por meio da oferta de disciplinas, cursos ou *workshops* teóricos sobre aspectos didáticos, metodológicos, entre outros, não é suficiente. Esses *workshops* só servem para sensibilizar os professores para a existência de alternativas instrucionais; não são capazes de modificar suas concepções sobre o ensino.

---

70 Tardif (op. cit., p. 39).

71 Shulman, L. S. Knowledge and teaching: foundations of the new reform. *Educational Review*, v. 57, n. 1, pp. 1-22, 1987.

Isso importa na medida em que a literatura mostra que sem essa modificação quaisquer inovações educacionais assumidas pela escola podem vir a ser, consciente ou inconscientemente, adotadas somente no plano do discurso ou mesmo sabotadas pelos professores. Kember[72] coloca as concepções dos professores do Ensino superior em um *continuum*. Em um dos extremos desse *continuum* está a concepção de ensino como um processo de transmissão de informações, na qual os alunos são vistos como tábula rasa, e o bom professor, como aquele que tem sólidos conhecimentos acadêmicos. Os professores que advogam essa concepção de ensino tendem a favorecer metodologias expositivas de ensino, sendo necessário, portanto, antepor sua descristalização à qualquer tentativa de inovação pedagógica. A capacitação de professores deveria ser capaz de levá-los ao outro extremo do *continuum*, em que o ensino é concebido como facilitação da aprendizagem dos alunos, cujo resultado é a compreensão, em vez da memorização, dos conhecimentos.

A literatura sobre formação de professores que mais se aproxima do contexto estudado — i.e., a capacitação de professores atuantes sem formação pedagógica prévia — é aquela que discute a formação continuada. Esta tem apontado para uma formação centrada na prática, na atividade cotidiana da sala de aula, próxima dos problemas reais dos professores, assumindo uma dimensão participativa, flexível e investigadora.[73]

Essa perspectiva de formação contínua valoriza a prática pedagógica reflexiva e crítica, ilustrando a tendência crescente na formação de professores, e outros profissionais, com base na epistemologia da prática.[74] É uma formação que busca minimizar a dicotomia taylorista entre aqueles que pensam e aqueles que executam, entre os que

---

72 Kember, D. A reconceptualization of the research into university academics' conceptions of teaching. *Learning and Instruction*, v. 7, n. 3, pp. 255-275, 1997.

73 Marcelo Garcia, C. Formação de professores: centro de atenção e pedra-de-toque. In: Nóvoa, A. (Org.). *Os professores e sua formação*. Lisboa: Dom Quixote, 1992. pp. 51-76.

74 Schön (op. cit.).

produzem conhecimento e os que o aplicam, entre a teoria e a prática, entre a academia e as escolas.

Para atingir esse fim, Candau[75] acredita ser fundamental que o *locus* da formação continuada seja deslocado da universidade (o *locus* de formação por excelência) e de espaços com ela articulados para o local de trabalho do professor, já que é lá que ele "aprende, desaprende, reestrutura o aprendido, faz descobertas e [...] muitas vezes vai aprimorando sua formação". Entretanto, fazer do local de trabalho do professor o espaço para a formação continuada por si só não garante sua eficácia, pois é necessário que esta formação seja estruturada em torno de problemas e de projetos de ação em vez de conteúdos acadêmicos, reconheça o saber docente e leve em consideração as etapas do desenvolvimento profissional do magistério.

Entre as várias modalidades de formação continuada no local de trabalho, a colaboração entre pesquisadores acadêmicos e professores das escolas/universidades tem sido apontada como capaz de favorecer o desenvolvimento profissional de ambas as partes.[76] Essa colaboração ainda seria capaz de contribuir para aproximar essas duas instâncias (os professores e os pesquisadores educacionais) e os saberes produzidos por elas, além de reduzir o sentimento negativo por parte de professores em relação à pesquisa acadêmica.

---

75 Candau, V. M. F. Formação continuada de professores: tendências atuais. In: Reali, A. M. M. R.; Mizukami, M. G. N. (Orgs.). *Formação de professores*: tendências atuais. São Carlos: EdUFSCar, 1996. p. 144.

76 Mizukami, M. G. N.; Reali, A. M. M. R.; Reyes, C. R.; Martucci, E. M.; Lima, E. F.; Tancredi, R. M. S. P.; Mello, R. R. *Aprendizagem da docência*: pesquisas e especificidades metodológicas. São Carlos: EdUFSCar, 2002.

Capítulo 2

Radiografia e análise do contexto

Muitos fatores podem influenciar e freqüentemente determinar os processos pedagógicos que acontecem na sala de aula universitária. A literatura mostra que há uma forte inter-relação ou justaposição desses fatores, uma vez que as instituições educacionais são sistemas vivos, instáveis e imprevisíveis, dificilmente decomponíveis em elementos simples e independentes.[1] Sabe-se também que os processos que ocorrem na sala de aula em geral refletem o contexto maior em que as instituições estão inseridas e que é impossível isolar qualquer ação pedagógica dos universos sociais que a envolvem.[2]

Dito isso, seguem alguns fatores que permeiam a aula do Professor, contribuindo para seu formato, ponto de partida para a compreensão da implantação do PBL no contexto em questão. Houve a tentativa de dividir esses fatores em institucionais, culturais e individuais, mas suas fronteiras não devem ser consideradas rígidas, porque foi observada uma grande inter-relação entre eles. Paralelamente, os dados mostram que apesar de a maioria desses aspectos estar presente na IES como um todo, seu grau varia de escola para escola e, na escola

---

1 Thurler, M. G. *Inovar no interior da escola*. Porto Alegre: Artmed, 2001.

2 Nóvoa, A. Para uma análise das instituições escolares. In: Nóvoa, A. (Org.). *As organizações escolares em análise*. Porto: Dom Quixote, 1999. pp. 13-43.

de engenharia, de especialização para especialização. É necessário também considerar a dificuldade de demarcação de categorias inerentes à investigação de natureza qualitativa em geral.

Daí decorre a adequação do uso da analogia da radiografia para descrever este estudo de caso, já que, embora explicite e analise separadamente alguns aspectos do ensino de engenharia em questão, ele indica a impossibilidade de compreendê-los fora do contexto em que se inserem, além de reiterar a temporalidade e espacialidade, ou seja, a historicidade de qualquer investigação de natureza social ou humana.

ASPECTOS INSTITUCIONAIS

Tendo em vista que o ambiente físico é um aspecto institucional capaz de condicionar a gestão das interações com os alunos e a transmissão do conteúdo,[3] uma rápida observação do espaço em que o Professor ministrava sua aula já possibilitava antecipar algumas de suas características. Tratava-se de uma sala com carteiras enfileiradas, lousa e patamar, que parecia favorecer a instrução com base em palestras ou, como coloca Mizukami, "na aula expositiva e nas demonstrações do professor à classe, tomada quase como auditório".[4] A disposição das carteiras e sua difícil locomoção (em razão de seu peso e do fato de as cadeiras serem acopladas às mesas) dificultavam a adoção de formas alternativas de trabalhar o conteúdo, tais como debates e trabalhos em grupo, segundo o Professor.

Quer o projeto arquitetônico decorresse de um estilo em voga à época em que foi construída ou fosse um reflexo de como a IES entendia o processo de ensino-aprendizagem, isto é, sua cultura, a verdade é que a sala por si só limitava a adoção de estratégias alternativas de instrução pelo Professor. Ele relatou que todo semestre tinha

---

3 Tardif, M. *Saberes docentes e formação profissional*. Petrópolis: Vozes, 2002.

4 Mizukami, M. G. N. *Ensino*: abordagens do processo. São Paulo: Editora Pedagógica Universitária, 1986. p. 15.

de pedir ao órgão responsável pela distribuição das salas de aula no *campus* que lhe atribuíssem uma sala "*onde pelo menos é possível locomover as carteiras, já que na maioria vezes estão fixas no chão*". Porém, ainda que o projeto arquitetônico e outras limitações físicas da sala (e.g., a ausência de conforto térmico e acústico) fossem importantes, outros aspetos institucionais parecem ter tido maior impacto na forma como as aulas do Professor aconteciam (Quadro 1).

Quadro 1 Principais aspectos institucionais observados no contexto estudado.

Aspectos institucionais
• Avaliação docente pautada em desempenho em pesquisa. • Intensificação do trabalho docente. • Avaliação deficiente do ensino. • Currículos seqüenciais, compartimentados e carga horária alta. • Falta de diálogo entre departamentos e docentes. • Dispersão dos objetivos docentes. • Ausência de propósitos institucionais compartilhados. • Objetivos educacionais centrados nos conteúdos específicos. • Inexistência de formação pedagógica inicial dos docentes. • Carência de capacitação em serviço e apoio pedagógico.

A IES é um renomado centro de pesquisa, atestado pelo número de alunos matriculados em seus programas de pós-graduação, que ultrapassava o número de alunos de graduação à época deste estudo. Este dado reforçava a existência do "primado da pesquisa" na IES, o qual era perpetuado mediante várias políticas. Entre essas políticas estavam os critérios de avaliação do desempenho docente, calcados principalmente na produção acadêmica, quer dizer, no desempenho do docente como pesquisador. Além de serem parciais, uma vez que negligenciavam outras funções docentes, esses critérios não pareciam atender às especificidades das diferentes áreas de conhecimento que compunham os currículos da IES, como criticou o Professor:

"Agora o que vale são os artigos em publicações internacionais, e a [IES] não percebe a diferença entre as ciências exatas e humanas. A química é a mesma aqui e nos Estados Unidos, [já] *os problemas nas ciências humanas são diferentes de país para país e talvez não sejam interessantes para as revistas internacionais".*

Embora reconhecendo a importância da pesquisa na IES, dada a relevância dos conhecimentos científicos e tecnológicos que gera para a sociedade, e guardada a relação entre pesquisa e ensino — já que o ensino só é possível se o professor reconstruir para si os conteúdos curriculares —, é legítimo questionar os efeitos dos critérios de avaliação do desempenho docente, fundamentada principalmente em sua produção acadêmica, especialmente quando se considera a natureza dos conhecimentos produzidos pelos professores-pesquisadores.

O alto grau de especificidade da pesquisa atual torna grande parte do conhecimento produzido pelo docente muito distante do conteúdo dos currículos de engenharia. Ademais, considerando o modelo de instrução comumente adotado pelas escolas, é provável que nem mesmo a curiosidade, o pensamento crítico e outras habilidades de pesquisa adquiridas pelo professor em seu fazer científico sejam adequadamente trabalhados — quando o são — por ele com seus alunos na sala de aula convencional de engenharia.

Sob outro ângulo, esse excerto da fala do Professor ainda remete a um fenômeno bastante conhecido dos engenheiros. O critério de avaliação de desempenho fundamentado na quantidade de publicações, adotado pela IES, assemelha-se ao critério de produtividade industrial que visa o cumprimento de cotas. Segundo Deming,[5] o estabelecimento de cotas, comum no modelo de produção em massa, faz com que o trabalhador, para manter seu emprego, busque alcançar a cota a qualquer custo, ou seja, ainda que em detrimento da qualidade das tarefas que executa. No caso das universidades, o custo da priorização

5 Deming, W. E. *Out of the crisis*. Cambridge: MIT Press, 1986.

da pesquisa significa queda de qualidade do ensino de graduação e, conseqüentemente, aumento das evasões *stricto sensu* e *lato sensu.*

Esse custo para o ensino é ainda potencializado quando se considera a intensificação do trabalho docente nas universidades públicas em geral. Os docentes da IES, além de dedicarem-se à pesquisa e ao ensino, têm de se dividir entre atividades administrativas, de orientação de alunos de pós-graduação, participação em congressos, simpósios e bancas, como desabafou o Professor:

> *"Se você for ver o número de reuniões que eu participo, se você contar o tempo em sala de aula e o de reuniões que eu participo... E mais, vamos contar o que eu tenho que ler de orientados e de bancas... Só essas quatro atividades... Quando que eu tenho tempo para refletir, para fazer uma coisa diferente* [em sala de aula], *de criar um texto? Claro que eu acho que eu já tenho experiência pelos vinte anos... um certo conhecimento, para criar textos que seriam muito adequados para provocar situações* [de aprendizagem]. *Mas quando se tem tempo para isso dentro do esquema que a gente está? Se tomar todas as aulas... É brincadeira o quanto a gente trabalha! Ainda algumas pessoas perguntam (o pessoal não entende o trabalho que a gente faz): 'Como foram as férias de julho?' Que férias?!"*.

A intensificação do trabalho docente — um fenômeno comum em contextos universitários no mundo inteiro — pode levar os professores a se concentrarem naquilo que lhes rende maiores dividendos acadêmicos: a pesquisa. Assim ponderou o Professor: *"Eu acho que a avaliação da [IES] é equivocada, pois prioriza o número de publicações. Então, o docente só se concentra nisso!"*.

A despeito da desvalorização do ensino, existia uma sistemática de avaliação, embora inadequada, dessa atividade docente na IES por intermédio de questionários respondidos pelos alunos ao final dos semestres. Contudo, esse tipo de avaliação parecia não ajudar o docente a reformular seu planejamento durante o semestre em curso, quer dizer, não era processual, e pouco contribuía para o aprimoramento dos processos educacionais da instituição.

Diferentemente do que indica Bruner,[6] para quem qualquer avaliação do ensino deveria necessariamente concorrer para a geração de conhecimento para a instituição, de outra forma ela poderá reduzir-se a uma operação para conhecer a opinião de alunos ou docentes ou coletar informações difusas sobre acertos ou falhas, em nada contribuindo para os objetivos educacionais ou para o desenvolvimento dos atores do processo de ensino-aprendizagem.

Ademais, essa sistemática de avaliação do ensino da IES parecia ser apenas informativa, já que o bom desempenho de um docente não resultava em nenhum ganho para os docentes (e.g., promoção), segundo o Professor. De fato, como ocorre em muitas instituições de Ensino superior públicas, a ascensão profissional dos professores segue um caminho independente de seu desempenho em sala de aula.

Por outro lado, a forma como esta avaliação era realizada, fundamentada principalmente nas respostas dos alunos aos questionários — diferentemente do que a literatura recomenda, ou seja, por intermédio de diversos instrumentos —, parecia permitir que variáveis externas às aulas influenciassem os resultados. Os excertos seguintes ilustram este ponto:

> "*Eles* [alunos] *podem até pensar: 'Ah, este professor é legal. Trata a gente de forma mais humana, tem considerações...`. Mas na avaliação da disciplina eles acham a mesma coisa que aquele professor* [...], *que a gente é perfumaria, que a gente não apertou... 'Não tem prova mesmo... O trabalho é em grupo...`*".

> "*Tem alguns professores que compram emocionalmente os alunos, trazendo 'bolo e samba' para a sala de aula e promovendo churrascos, obtendo assim uma boa avaliação dos alunos*".

É possível também cogitar se essa situação não seria conseqüência da própria desvalorização do ensino por parte da IES, ou seja, uma sistemática de avaliação deficiente seria decorrente do próprio

6 Bruner, J. S. *Uma nova teoria da aprendizagem*. Rio de Janeiro: Bloch, 1973.

descaso pelo ensino da parte da instituição. Isto levaria à percepção errônea de que os processos de ensino-aprendizagem não precisam ser aprimorados ou ao entendimento de que devem ser melhorados, mas por motivos errados, o que acabaria engendrando um ciclo vicioso de manutenção do *status quo*.

Sobretudo, essa situação demonstra aparentemente um desequilíbrio no atendimento ao princípio de indissociabilidade entre ensino e pesquisa, que deveria reger as atividades de universidades como a IES. Parece também revelar que o constante questionamento e aprimoramento, valorizados nas atividades de pesquisa por meio do método científico, estariam sendo negligenciados nesta outra função primária da universidade.

Algumas características dos currículos na IES também parecem ter sido um fator importante de influência sobre a aula do Professor. Os currículos eram pautados na racionalidade técnica, ou seja, fundamentavam-se no pressuposto de que o fazer do engenheiro se reduz à aplicação de conhecimentos técnico-científicos a situações práticas, o que é bastante criticado na literatura.

Muitos autores vêem o processo de criação em engenharia como uma complexa interação entre a teoria estabelecida e a experiência acumulada. Para ilustrar este ponto Prata[7] utiliza o exemplo das viagens espaciais: ainda estaríamos no chão se esperássemos que o conhecimento necessário estivesse dominado para que as empreendêssemos. No entanto, a combinação do conhecimento científico e intuitivo com experiência e disposição para a solução de problemas permitiu que isso acontecesse.

O número elevado de disciplinas, outra característica dos currículos de engenharia da IES, reflete a situação dos currículos de engenharia no Brasil e também remete a um aspecto da cultura positivista da maior parte das instituições de Ensino superior no país: a acumu-

---

7 Prata, A. T. Comentários sobre a atuação do engenheiro-professor. In: von Linsingen, I. et al. (Orgs.). *Formação do engenheiro*: desafios da atuação docente, tendências curriculares e questões contemporâneas da educação tecnológica. Florianópolis: Editora da UFSC, 1999. pp. 159-178.

lação de conhecimentos. Esta carga horária excessiva foi reconhecida pelo Professor: "*Na graduação eles têm uma grade supercarregada. Os créditos aqui diminuíram um pouco, mas eram em torno de 40. Agora devem estar em torno de 36. Trinta e seis em sala de aula!*".

Paradoxalmente, apesar de denotar a centralidade atribuída ao Professor pelo projeto pedagógico, esse grande número de horas de contato direto professor-aluno da IES parece dificultar seu trabalho em sala de aula:

> "*É um currículo à moda antiga, que ainda valoriza muito a sala de aula. Então eu acho... Se você tiver bom senso... Se eles já têm 36 créditos... Se todos os professores pedirem um pouquinho, a semana deles já tem 70 horas! Então a gente fica com dificuldade de dar uma atividade que você imagina que não seja pesada, mas que vai tomar um pouco de horas do aluno,* [por exemplo,] *uma pesquisa na Internet...*".

Isto sugere que a existência de currículos sobrecarregados pode impedir experiências interdisciplinares e inovações no ensino.

Paralelamente à carga horária excessiva, a disposição seqüencial e linear das disciplinas nos currículos de engenharia na IES indicava sua fundamentação no modelo da racionalidade técnica e na cultura positivista da instituição. Nos cursos da IES, as ciências básicas (matemática, física e química) eram seguidas pelas ciências aplicadas, geralmente a partir do terceiro ano, e pelas disciplinas práticas e projetos no último ano. Segundo o Professor: "*O engenheiro de produção vai começar a fazer disciplinas, um número maior de disciplinas específicas, no terceiro ano*". Os currículos também eram compartimentados, ou seja, as disciplinas compunham unidades separadas no currículo, com poucas oportunidades de integração dos conhecimentos nelas ensinados, principalmente durante os primeiros anos, confirmando a predominância do currículo tipo "coleção" em cursos universitários que trabalham conhecimentos com maior valor de mercado.

A compartimentalização e a falta de integração entre as matérias das ciências básicas e as aplicadas e profissionalizantes nos currículos da IES eram agravadas pelo fato de haver pouco diálogo entre os institutos que ofereciam as disciplinas básicas e o departamento de origem dos estudantes (departamento de engenharia de produção). Essa falta de diálogo – verificada na seguinte fala do Professor: *"Eu já fui coordenador do curso e sei como é difícil dialogar com o pessoal* [de outros departamentos]" – poderia ser atribuída à estrutura taylorista ainda prevalente na IES e em grande parte das universidades e institutos de Ensino superior, onde os docentes, separados pelas paredes dos departamentos, desenvolvem seus conteúdos de acordo com currículos preestabelecidos de forma independente, tornando na maior parte das vezes a cooperação entre essas divisões praticamente inexistente, para não dizer impossível.[8]

Além de trabalharem isoladamente, os departamentos da IES pareciam adotar, ocasionalmente, atitudes corporativistas junto aos órgãos reguladores da IES. O Professor relatou as dificuldades encontradas pelos docentes e coordenadores junto à comissão coordenadora dos cursos da IES, que congregava representantes de seus diversos departamentos e institutos, os quais, no momento da definição das grades curriculares, agiam em defesa de seus interesses – expressos em termos de quantidade de créditos – mesmo quando a presença destes não concorria para a boa formação profissional ou não satisfazia as necessidades dos alunos. Parece que os docentes e os departamentos não tinham autonomia para decidir, unilateralmente, o que seus alunos deveriam aprender, ou seja, quantos créditos de outros departamentos eles gostariam de incorporar em seus currículos:

> *"A [IES] faz a coordenação dos cursos através de comissões interdepartamentais. Não são pessoas ou departamentos* [...]. *Quem tem todo o poder de decisão sobre os cursos é aquela comissão* [...]. *Não tem conversa! Eles reduziram inclusive a nossa carga* [TGA no currículo da engenharia

---

8 Martin, P.; Brucato, V.; Garrels, W. Project-based group learning: cultural differences. In: Pouzada, A. S. (Ed.). *Project-Based Learning*: project-led education and group learning. Guimarães: Editora da Universidade do Minho, 2000. pp. 57-73.

> civil]. *Os alunos ficaram abismados: 'Nós estamos precisando de mais e eles reduzem?` Porque é uma disciplina que trabalha um pouco ou pelo menos fala sobre liderança* [...], *a linguagem do negócio, que se aproxima mais da realidade profissional...*".

Este é um fenômeno que pode decorrer da adoção de currículos do tipo "coleção", em que é possível observar uma forte defesa da legitimidade dos diferentes conteúdos e de seus interlocutores em instituições educacionais que os empregam.[9]

Essa falta de diálogo e o isolamento também eram encontrados dentro dos próprios departamentos, o que pode ser verificado no seguinte excerto da fala do Professor:

> "[Não há] *nem proximidade* [entre os docentes], *eu diria... No mínimo você precisa ter proximidade com as pessoas. Claro que você precisa ter a liberdade de discutir, mas nem proximidade? Porque cada professor está na sua sala... Eu nem sei o que o do lado está fazendo*".

Concordando com Martin e outros educadores:[10] "Mesmo dentro de uma divisão [departamento] a cooperação pedagógica pode ser difícil. Quem conhece o conteúdo da disciplina de seu colega?".

Parecia não haver um espaço institucionalizado, um tempo reservado nas cargas horárias dos docentes para o intercâmbio de idéias e reflexão sobre suas aulas, confirmando o que foi encontrado em instituições educacionais em outros níveis de ensino. O local de trabalho do professor (a escola) parece não estar organizado para favorecer a investigação ou o capital intelectual da profissão.[11]

Mesmo quando acontecia em momentos informais, as informações partilhadas restringiam-se, de acordo com o Professor, a impressões

---

9 Cunha, M. I. Aportes teóricos e reflexões da prática: a emergente reconfiguração dos currículos universitários. In: Masetto, M. T. (Org.). *Docência na universidade*. Campinas: Papirus, 2002. pp. 27-38.

10 Martin et al. (op. cit., p. 60).

11 Lortie, D. C. *Schoolteacher*: a sociological study. Chicago: The University of Chicago Press, 1975.

gerais sobre certo aluno, uma determinada turma, entre outros aspectos: *"Vários professores, no corredor ou no cafezinho, comentam: 'Puxa! Estou tendo dificuldade com aquela turma...', e aí o outro fala: 'Eu também tive...'"*. Embora possam ser úteis, além de promoverem o espírito de grupo, estas trocas não pareciam contribuir efetivamente para o desenvolvimento dos alunos nem para o crescimento profissional dos docentes.

A literatura mostra que a ausência de um espaço institucionalizado de discussão e reflexão nas escolas impede que experiências individuais sejam compartilhadas. Este conhecimento prático fica disperso e, por esta razão, raramente concorre para o aprimoramento dos processos educacionais. Isto transparece no seguinte trecho da fala do Professor: *"Os professores têm percepções individuais e acabam se aproximando disso* [dos objetivos do curso], *mas não é uma coisa pensada, sistemática, coletivamente"*. Sobretudo, esses aspectos da IES, ou seja, a falta de diálogo entre departamentos/docentes e a ausência de espaços para este fim, estariam entre as características desfavoráveis à mudança em instituições educacionais. Sabe-se que a adoção de metodologias alternativas de ensino é mais difícil em instituições rígidas, onde cada docente protege seu horário, seu território, sua especialização, seus direitos e seus encargos.[12]

A falta de diálogo pode estar também relacionada à especialização dos docentes, estimulada indiretamente pelas instituições por meio do "primado da pesquisa". De acordo com Cunha,[13] a valorização da pesquisa torna "a carreira do professor [...] um caminho individual, muitas vezes até concorrencial, que favorece o isolamento e a solidão". A pressão por publicações mais a especialização a que a pesquisa naturalmente conduz podem contribuir para que os docentes negligenciem os objetivos do curso e passem a perceber sua disciplina de forma isolada no currículo.

---

12 Thurler (op. cit.).

13 Cunha, M. I. Ensino como mediação da formação do professor universitário. In: Morosini, M. C. (Org.). *Professor do ensino superior*: identidade, docência e formação. Brasília: Plano Editora, 2001. p. 88.

Isso parece não concorrer para o desenvolvimento do conhecimento do currículo da parte dos docentes, o qual pode se tornar um documento formal. Durante o planejamento dos objetivos/atributos que seriam priorizados na implantação do PBL, instado sobre quais conhecimentos e habilidades os engenheiros de produção deveriam desenvolver, o Professor respondeu:

> *"Sinceramente não sei bem. Não sei julgar muito bem as outras áreas. Eu me tornei um especialista em administração, mesmo sendo um engenheiro de produção. Às vezes aparece convite para representar a engenharia de produção, mas eu não sou a melhor pessoa. Eu perdi esta percepção..."*.

A combinação de isolamento e especialização, talvez potencializada pela fraca supervisão a que são submetidos, pode permitir que alguns professores ignorem as diretrizes e pautem seu ensino em seus interesses de pesquisa em detrimento das necessidades dos alunos. A respeito disto, o Professor ofereceu um exemplo extremo deste fenômeno, presenciado quando fazia parte de uma comissão interdepartamental: *"Tivemos este problema com uma disciplina da arquitetura em que o professor vai lá...* [só] *porque está fazendo uma tese de doutorado sobre* [Autor], *e ministra os capítulos de* [Autor]. *Ele obriga os alunos a lerem!"*.

A dispersão dos objetivos dos professores era agravada pela compartimentalização do currículo e pela carência de propósitos compartilhados, de uma missão institucional. Embora seja compreensível que as universidades não devam ter propósitos únicos, já que historicamente têm oferecido abrigo e estímulo a idéias divergentes, pode-se imaginar que, ao menos no que diz respeito ao ensino, a existência de objetivos — concebidos e compartilhados por administradores, professores e alunos — pode favorecer o aprimoramento de seus processos educacionais, como acredita o Professor:

> *"Porque missão eu nunca pensei para a disciplina. Talvez devesse ter mais uma para o departamento ou universidade... Também eu nunca vi nenhuma; nunca eles pensaram...* [É] *aquilo que a gente já conversou outro dia,*

que a gente fica mais ou menos solto, mais ou menos órfão [...]. *É próprio da universidade. Ela entende isto; que esta liberdade é muito importante. Mas liberdade, eu acho que você precisa dar o retorno. Também, se você não tem sinal nenhum fica uma liberdade que... Onde você encontra o elo? Fica só por sua conta encontrar o elo com as outras pessoas* [docentes de outras disciplinas]*? Quer dizer, ela é extremamente burocrática, a universidade, em termos administrativos, como trata o professor* [...], *mas em termos acadêmicos é extremamente solta. Eu acho extrema a liberdade do professor porque nem* [há] *esse compromisso de* [pensar]: *'Como a minha disciplina cruza com a sua?'; 'O que é que a gente tem que ver junto?'. Fica um negócio extremamente solto. Acho que não precisa impor coisas, ser autoritário* [...]. *Então fica difícil falar em uma missão. Como é que minha disciplina vai se encaixar no curso, no departamento, na unidade, na universidade se nunca vem nenhum sinal?"*

Essa fala do Professor também levanta um fenômeno comum em escolas e universidades. Se por um lado a ausência de uma missão institucional contribui para a autonomia relativa dos professores, por outro lado transfere-lhes toda a responsabilidade de decifrar as diretrizes e transformá-las em objetivos de sala de aula. Neste sentido, para Tardif,[14] a imprecisão e ambição dos objetivos (arrolados nas diretrizes curriculares) "dão muita liberdade de ação, mas ao mesmo tempo, aumentam o empenho do professor, que é obrigado a especificá-los, e dão-lhe a impressão de que está lidando com objetivos irrealistas que nunca poderá atingir".

Na verdade, a IES, como toda instituição de Ensino superior no país, tem objetivos educacionais pautados nas diretrizes para o Ensino superior em geral, nas diretrizes para o ensino de engenharia e nas recomendações de associações de classe, tal como a Associação Brasileira de Engenharia de Produção (Abepro). Entretanto, em razão do fato de as diretrizes educacionais, em geral, serem vagamente expressas, terem uma natureza múltipla e parecerem muitas vezes contraditórias, a tradução destas em objetivos para as disciplinas não

---

14 Tardif (op. cit., p. 128).

ocorria de forma tranqüila para o Professor. Ao explicar como planejava suas disciplinas, o Professor relatou (referindo-se ao projeto pedagógico do curso):

> *"Em termos de conhecimento* [conteúdo específico], *a gente tem o costume de pensar bem* [cuidadosamente], [já que] *é a primeira parte* [do projeto pedagógico]. *Quando a gente vai ali para as habilidades, eu acho que aí não é uma descrição boa porque é quase uma repetição do conhecimento. E quando a gente entra aqui em termos de valores ou alguma coisa assim, aí é mais confuso ainda"*.

A falta de clareza das diretrizes, a especialização e o isolamento docentes podem fazer com que muitos professores, quando do planejamento de suas disciplinas, descuidem da formação holística do futuro profissional, concentrando-se nos conteúdos de sua disciplina, sem buscar integrá-los aos de outros componentes curriculares. Perguntado se utilizava as diretrizes para planejar seus cursos, o Professor respondeu: "[As diretrizes] *do MEC eu nunca vi...* [As] *da ABEPRO eu já vi* [...]. *É que eu estou tão ligado à administração que eu sempre consulto nas coisas da administração"*. Este fenômeno seria ainda agravado por um processo de distanciamento crítico que ocorre ao longo dos anos de docência em relação aos instrumentos de trabalho (e.g., programas, livros didáticos, diretrizes e normas do estabelecimento), que o professor adapta pouco a pouco às suas necessidades.[15]

Afora a falta de integração entre os componentes curriculares no planejamento dos cursos, a formação holística do engenheiro também não estaria sendo atendida nas aulas porque a maioria dos docentes, como reconheceu o Professor, enfoca principalmente os conhecimentos específicos, descuidando das habilidades e atitudes profissionais igualmente necessárias para atingir este objetivo:

> *"A gente só enfatiza o conteúdo* [conhecimentos]. *Os outros conteúdos* [habilidades e atitudes] *a gente até pensa, mas não explicita. Por exem-*

15 Tardif (op. cit.).

> *plo: 'Naquela aula eu vou aplicar este caso* [...]` *ou 'Eles vão trabalhar em equipe* [...]` *ou 'Eu vou provocar uma discussão`. Mas a gente não explicita* [...]. *Acho que na prática a gente já está fazendo as coisas, às vezes sem saber que é aquilo* [...]. *Mas em termos de pensar, da reflexão, do preparo,* [não]...".

A fala do Professor também indica um aspecto importante relativo à valorização dos conhecimentos específicos, ou seja, o entendimento de que o currículo se reduziria a eles, menosprezando-se a forma, a estrutura e o método por meio dos quais deveriam ser trabalhados. A IES, como coloca Becker,[16] parece "entende[r] a produção e a transmissão de conhecimento apenas como conteúdo e não como forma, estrutura ou metodologia". Sem diminuir a importância do conteúdo na educação em engenharia, já que é uma das razões da existência dos programas, o autor segue questionando:

> Para que serve a quase totalidade dos conhecimentos arrolados no histórico escolar de um diplomado? Os conteúdos deveriam constituir pretexto para a organização de variadas ações, tais como as implicadas por projetos que envolvem metodologia investigativa, jamais como fim em si mesmos. O que deve interessar a um currículo atual é que o aluno aprenda a pensar, "aprenda a aprender" e não a reter informações, freqüentemente de valor discutível.

O favorecimento dos conhecimentos específicos durante o planejamento das aulas, ilustrado pelo excerto precedente, pode também decorrer da ausência de capacitação pedagógica, isto é, do fato de os professores serem engenheiros (matemáticos, físicos etc.) que ensinam, como ilustra este excerto da fala do Professor:

---

16 Becker, F. Aprendizagem e ensino: contribuições da epistemologia genética. In: von Linsingen, I. et al. (Orgs.). *Formação do engenheiro*: desafios da atuação docente, tendências curriculares e questões contemporâneas da educação tecnológica. Florianópolis: Editora da UFSC, 1999. p. 185.

"A gente objetiva geralmente os conhecimentos [técnico-científicos], *algumas habilidades e muito poucas atitudes: 80%, 20%, 0%... E é a nossa formação! Você vira engenheiro, depois professor de engenharia. Estes 80%* [conhecimentos] *refletem isto mesmo, toda essa preocupação com o conceitual, como ser forte, passar... A gente nem sabe que os outros* [habilidades e atitudes] *existem. A gente vai descobrindo isto um pouco... as habilidades, como passar as competências... Nem sempre* [...] *o volume* [de teoria] *ou o mais moderno no conceito é o importante para a habilidade dele* [aluno]. *A gente começa a rever..."*.

Essa revisão da própria prática relatada pelo Professor não parecia ser disseminada entre os docentes da IES. A situação mais comum era aparentemente aquela em que os professores raramente refletem sobre suas práticas, partem de experiências que tiveram como alunos e as norteiam por meio de um processo de tentativa e erro, como disse o Professor: *"Através da observação de nossos professores e na prática, vendo o que dá certo"*.

Essa reflexão, tão necessária ao desenvolvimento da base de conhecimento da docência, era ainda desencorajada pela IES, sem o desejar, mediante a soma de fatores institucionais citados neste trabalho. Como resultante desta somatória, o formato da maioria das aulas na IES parecia denotar a necessidade por parte dos professores de uma melhor elaboração de sua base de conhecimento da docência, ao menos no que se refere ao conhecimento pedagógico do conteúdo, como aparenta indicar a fala do Professor:

"Eles [professores de outros departamentos] *não têm aquela concepção: 'É a minha disciplina, qual o papel que ela tem?'. É isso que eles têm que saber: dar aula de matemática para matemático é uma coisa, dar aula de matemática para engenheiro é outra. Ele* [engenheiro] *não precisa saber tudo, todas as demonstrações. Não é isto que vai contribuir...*

A despeito da carência de formação pedagógica dos docentes, a IES aparentemente não tinha nenhum programa sistemático de formação continuada — como relatou o Professor: *"Não há reciclagem!"* — ou de apoio pedagógico. Na IES, como em outras instituições de ensino, a educação continuada dos docentes é considerada problema individual. Por sua vez, a ausência de apoio institucional ou sistemático de colegas aprofundava o isolamento dos docentes, que eram deixados à própria sorte. Quando perguntado sobre como aprendeu a ensinar, o Professor explicou:

> *"Foi na marra. Nunca, nenhum treinamento... Também porque há aquele treinamento de pelo menos uma pessoa chamando a atenção para algumas coisas. Nunca o institucional! Aquela visão, então, do currículo como parte da formação do todo... Eu acho que cada professor que chegasse... ele precisaria tomar pé das coisas, não é? ´O profissional que nós queremos formar aqui é esse, nosso currículo procura desenvolver essas habilidades... habilidade de se comunicar enquanto técnico em engenharia, habilidade de pensar abstratamente alguns modelos,* [...] *habilidade em agir e interferir em um sistema social... e quais são os conhecimentos que nós vamos trabalhar associados a estas habilidades, as metodologias... como que a gente pensa...`. Acho que nada disso é passado. Temos dois professores que foram contratados* [recentemente pela IES]: *´As disciplinas são estas, os programas são estes e boa sorte!`* [...]. *Não se dá nem o currículo, nem uma folhinha para mostrar para ele onde ele se localiza, ou o currículo com as ementas... ou o projeto pedagógico do curso* [...] *que existe...*

A ausência de capacitação pedagógica, muitas vezes denunciada na literatura sobre docência no Ensino superior, também era a regra na IES. Parece que a crença equivocada de que quem tem domínio do conteúdo sabe ensinar ainda era fato vivido pela instituição e pelos docentes no contexto estudado. A IES parecia entender que a docência era construída na prática, sem apoio pedagógico, do que discordava o Professor:

> *"No começo da carreira a gente tem muita dificuldade, inclusive porque a gente não tem um aprendizado e a gente aprende na prática. Então acho que facilitaria muito se no começo da vida acadêmica você fosse pelo me-*

nos despertado [...] *para algumas coisas e não passasse dez anos batendo a cara...*".

Conquanto tivesse afirmado a necessidade de capacitação docente e apoio pedagógico, a fala do Professor parecia sinalizar as limitações de um curso pedagógico de natureza estritamente teórica. Isto está de acordo com a literatura, que propõe uma capacitação estruturada em torno de projetos de ação em vez de conteúdos acadêmicos. O seguinte parágrafo aponta nesta direção:

> "*Mas quando você lê, no começo da carreira, algumas coisas também não lhe fazem sentido. Não é só questão de ler. Precisa fazer sentido para a gente. Você pode, no primeiro ano de docência, ler um artigo sobre aula.* [Pode ser] *legal, mas não reflete em nada*".

O Professor também parece indicar a necessidade de uma capacitação que consiga mudar as concepções docentes, que compreendesse uma preparação didática prolongada, com orientação pedagógica:

> "*Para a pessoa mudar, qualquer pessoa, e vai valer para o caso do professor também, não basta às vezes você ouvir uma coisa. O professor, no caminhar dele, ele ouve que tem uma metodologia ou ele lê alguma coisa rápida. Não sei, eu acho que o processo de mudança é mais que isso. Ele precisa de uma certa consciência. Não sei como que é isso entre você ouvir e ter a consciência* [...]. *Então acho que o professor ouve uma porção de coisas, alguns lêem, mas não chega ao ponto da consciência de ele explicitar isto, preparar... Então eu acho que são estes valores, valores muito fortes no conceito.* [...] *Depois a gente vai quebrando um pouco a cara e vai revendo...*".

ASPECTOS CULTURAIS

Muitos aspectos culturais da IES parecem advir de fatores institucionais ou estar em estreita relação com eles, tornando difícil destrinçá-los (Quadro 2).

Quadro 2 Aspectos culturais presentes na instituição.

Aspectos culturais
• Preferência por modelos convencionais de ensino. • Desvalorização dos conhecimentos das ciências sociais e humanas. • Valorização e acumulação de conhecimentos específicos. • Valorização da eficiência em detrimento da eficácia. • Supervalorização dos conteúdos ensinados. • Dificuldade na aprendizagem como valor. • Orientação para a nota e a prova. • Não ingerência no trabalho de colegas.

Por exemplo, é possível que alguns aspectos, tais como a desvalorização do ensino, a relativa autonomia docente, a especialização derivada da pesquisa, a intensificação do trabalho docente e a ausência de objetivos compartilhados, contribuam para o fraco espírito de grupo entre os professores com respeito aos processos de ensino-aprendizagem. Apesar de haver amizade, coleguismo e, ocasionalmente, corporativismo entre os docentes, especialmente entre aqueles do mesmo departamento/escola, a observação e a fala do Professor levam a crer que o espírito de grupo não seria muito desenvolvido nesta IES quando se trata da formação dos alunos.

Outro exemplo da inter-relação entre os aspectos institucionais e culturais reside no fato de a IES estar voltada principalmente à pesquisa e ao ensino das ciências exatas e aplicadas. Sabe-se que essas ciências são fortemente pautadas no positivismo, o que justifica a existência de uma cultura positivista na IES, compartilhada tanto pelos administradores e docentes quanto pelos alunos.

A cultura positivista da IES ajudaria a explicar a predominância do modelo convencional de ensino. Contudo, a preferência por abordagens expositivas não parecia ser homogênea na IES. A fala do Professor sugere que mesmo a utilização de metodologias convencionais comportaria certo matiz na instituição. Aparentemente, quanto mais exata era a especialização de engenharia, isto é, quanto mais conteúdos das ciências exatas e aplicadas seu currículo continha, maior parecia ser a predileção pela transmissão de conhecimentos mediante aulas expositivas, segundo o Professor:

> "*A engenharia de produção ainda tem muitos professores que fazem isto* [discussões em grupo, em círculos], *mas quando você dá aula para a civil ou para a mecânica, alunos de 5º ano...* [...] *era a primeira vez que eles estavam mudando as carteiras. Então quando você falava assim: 'Vamos discutir um caso... Por favor, vocês formem grupos de quatro'. Ninguém saía do lugar! Eu estou exagerando? Eu estou relatando um caso real! Eu falava: 'Pessoal, vocês não entenderam? Vamos fazer grupos de quatro...'. Um olhava para o outro, às vezes levantava e ia para perto do outro... 'Pessoal, podem mexer na carteira. Peguem as carteiras e coloquem próximas!'. E o aluno às vezes vinha no final da aula e falava: 'Professor, é que nós estamos no 5º ano de engenharia mecânica e nós nunca fizemos isto, nunca o professor falou para a gente que nós podíamos trabalhar em grupo, que a gente podia mover as carteiras...'*".

A fala do Professor também indica um aspecto da cultura positivista, quer dizer, a atribuição de valores diferentes aos diferentes campos de conhecimento. Aparentemente, as especializações da engenharia que têm uma interface maior com as ciências humanas — como a engenharia de produção[17] — eram desvalorizadas na IES frente àquelas cujos currículos continham mais conteúdos das ciências exatas, consideradas "duras":

> "*'Engenharia de produção é perfumaria!', eles falavam... Porque os alunos da mecânica, sim, é que eram... Eles* [professores] *falavam* [isso] *em sala de aula. O pior é que essa pessoa hoje é chefe de departamento. É, talvez, por isso que acabou o comentário. Enquanto ele não era chefe, falava abertamente: 'Vocês fazem perfumaria!'*".

---

17 ESCRIVÃO FILHO, E.; NAKAMURA, M. M.; TEIXEIRA NETO, N. B. Qual conhecimento humanístico? In: CONGRESSO BRASILEIRO DE ENSINO DE ENGENHARIA, 25., 1997, Salvador. *Anais*... Salvador, 1997. v. 4, pp. 1.779-1.792.

Este aspecto cultural era tão arraigado na IES que podia ser observado dentro da própria engenharia de produção. Suas disciplinas com conteúdos das ciências exatas e aplicadas eram mais valorizadas que as das ciências humanas e sociais.

Como acontece com a maioria dos aspectos culturais, os alunos também compartilhavam desse valor, influenciados (ou doutrinados, como sugere o trecho anterior da fala do Professor) pelas concepções de alguns docentes. Para o Professor, uma aula para muitos docentes e alunos da IES:

> "*É aquela exposição na lousa e cálculo.* [...] *O pessoal de engenharia, quando eles dão uma equação enorme e o pessoal leva três horas para resolver em uma prova... Isso é* [considerado] *conhecimento! Isso é 'duro'! Quando você vai a uma sala de aula e você faz um círculo e fica discutindo, eles acham que isto é banalidade...*".

O menosprezo pelos conteúdos das ciências humanas e sociais na formação do engenheiro está em desacordo com o que sugerem muitos autores. Salum,[18] por exemplo, denuncia que "os currículos de engenharia vêm sendo duramente criticados pelos setores empregadores quanto à falta de conteúdos de ciências humanas, sociais e gerenciais, no que estão absolutamente corretos" e ilustra esta desvalorização comparando os currículos de engenharia de minas no Brasil, Austrália e EUA: há, em média, dois créditos/hora no Brasil contra 26 créditos/hora nos outros dois países.

Outros autores ainda acreditam que esses conhecimentos poderiam mitigar o "choque da realidade", quer dizer, facilitariam a transição entre a vida estudantil e o mundo do trabalho. Os formandos em engenharia receberiam uma bagagem muito grande de conteúdo técnico, porém se sentiriam impotentes ao se defrontarem com

---

18 Salum, M. J. G. Os currículos de engenharia no Brasil: estágio atual e tendências. In: von Linsingen, I. et al. (Orgs.). *Formação do engenheiro*: desafios da atuação docente, tendências curriculares e questões contemporâneas da educação tecnológica. Florianópolis: Editora da UFSC, 1999. p. 114.

a realidade social que os espera. Por isso, Ferreira[19] acredita que "os conteúdos humanísticos e sociais em maior quantidade e qualidade são uma tendência indubitável".

Um fato observado em uma das aulas do Professor exemplifica essa desvalorização dos conhecimentos das ciências humanas e sociais na IES. Na aula em que os alunos assistiram a um filme sobre a Revolução Industrial, outro docente (engenharia civil), passando perto da sala, brincou com o Professor: "*Esses cursos só têm filminho...*". Mais tarde, comentando sobre este evento, o Professor disse: "*É por isso que eu tenho receio de implantar uma metodologia diferente... por conta da percepção de outros professores. Aquele ainda falou na brincadeira, mas há outros que realmente acham isto*".

Este episódio também explicita a inter-relação e a justaposição de aspectos institucionais, culturais e individuais. Nele, um aspecto institucional — a autonomia do docente — é limitado pela cultura vigente. Porém, este cerceamento depende do docente, da importância que ele lhe confere, já que somente em casos extremos o que acontece em sala de aula levava a algum tipo de admoestação ou sanção da parte da IES.

Em razão da cultura da IES, é possível ainda supor que uma intervenção por parte da instituição decorreria mais de problemas relativos ao conteúdo trabalhado nas aulas — como no caso do professor que fazia sua tese sobre um determinado autor e pautava suas aulas exclusivamente nele — que da desaprovação à metodologia de ensino empregada pelo docente. De fato, a IES aparentava delegar bastante autonomia com relação à metodologia instrucional dos professores. Em um encontro com o pesquisador, o Professor comentou que "*a [IES] dava espaço para este tipo de experiência* [PBL]", diferentemente de outras instituições que conhecia, nas quais "*poderia ser mal interpre-*

19 Ferreira, R. S. Tendências curriculares na formação do engenheiro do ano 2000. In: von Linsingen, I. et al. (Orgs.). *Formação do engenheiro*: desafios da atuação docente, tendências curriculares e questões contemporâneas da educação tecnológica. Florianópolis: Editora da UFSC, 1999. p. 138.

tado se deixasse os alunos livres para fazerem pesquisa. Pareceria que estou matando aula".

Estão implícitas nessa cultura positivista a valorização e a acumulação de conhecimentos específicos, manifestadas no ensino por meio da preocupação excessiva dos professores em cumprir um programa, mesmo que este esforço não se traduza em aprendizagem e que estes conhecimentos não respondam às necessidades de formação dos alunos. O Professor conjecturou sobre esta preocupação docente:

> *"Talvez seja até preocupação deles* [professores das ciências básicas] *de passar o máximo, eles consideram que as demonstrações são imprescindíveis para as pessoas saberem e isso fica um curso muito pesado, distante do aluno* [...]. *Eu mesmo percebi algumas coisas, que a gente fica angustiado como professor, quer dizer... a formação tradicional que vem é aquela preocupação de passar a fundo, de passar o tudo, quer dizer, tanto a profundidade quanto a amplitude".*

Esse aspecto cultural parece advir da racionalidade técnica ou de um entendimento equivocado de que para se tornar um *expert* em uma determinada área de conhecimento seria somente necessário aprender conhecimentos específicos. De modo a atingir o domínio em uma área de conhecimento também é preciso desenvolver uma atitude positiva com relação à aprendizagem, à investigação e, segundo Bruner, "ao modo de imaginar a solução, de ter intuições e palpites quanto à possibilidade de alguém resolver, por si só, os problemas. [...] Introduzir essas atitudes através do ensino exige muito mais que a mera apresentação das idéias fundamentais".[20]

Um aspecto também associado à cultura positivista é a racionalidade instrumental — i.e., a valorização da eficiência (fazer certo uma coisa) em detrimento da eficácia (fazer a coisa certa), ambas igualmente importantes em situações reais de atuação em engenharia, nas quais geralmente se trabalha com escassez de tempo e recursos humanos e materiais insuficientes. Este aspecto parecia ser engendrado

---

20 Bruner, J. S. *O processo da educação.* São Paulo: Editora Nacional, 1987. p. 18.

na IES tanto pela forma como os problemas eram apresentados (de fim fechado) quanto pelas exigências dos docentes. Comentando sobre a dificuldade de muitos alunos terminarem as tarefas propostas em sala de aula, o Professor ponderou: *"Os alunos têm dificuldade em fazer o melhor possível dentro do tempo estabelecido, eles querem fazer mais do que é pedido"*.

A valorização da eficiência em detrimento da eficácia também pode ser atribuída ao modelo da racionalidade técnica adotado pela IES. O entendimento de que a prática de engenharia consiste na aplicação da técnica na solução de problemas da prática levaria os alunos a negligenciarem as variáveis não-técnicas do contexto (e.g., escassez de recursos, tempo e materiais). Isto poderia concorrer para a formação de engenheiros predispostos a uma atuação profissional rigidamente definida, tratando o resto da situação como um mal necessário, quando seria desejável que aceitassem as interferências do contexto maior como parte legítima de suas preocupações profissionais, abrindo-se desta forma para a complexidade, instabilidade e incerteza da prática no mundo real.[21]

Outro dado da cultura da IES era a supervalorização, por parte dos docentes, dos conhecimentos que ensinavam. Este aspecto aparenta ter múltiplas explicações; pode ser por causa de aspectos institucionais (e.g., o isolamento das disciplinas) ou mesmo individuais (por ser parte do campo de conhecimento das pesquisas dos docentes). Pode também ser derivado de outros aspectos culturais, tais como corporativismo e defesa territorial. De qualquer forma, esta valorização se revelava mediante uma cultura individualista e competitiva, como descreve o Professor:

> *"Tem professor que não quer saber... Porque às vezes até há esta disputa entre as disciplinas, porque eu acho que o currículo e a comissão coordenadora devem fazer este papel entre 'governo' e 'mercado', não é? Porque se deixa, tem professor que acha que a sua disciplina é a mais importante*

---

21 SCHÖN, D. A. *The reflective practitioner*: how professionals think in action. New York: Harper Collins, 1983.

do semestre e os alunos abandonam as outras, quer dizer, mal assistem às aulas ou faltam da sua aula porque têm exercícios para fazer do outro professor... Acho que a gente tem que ter um equilíbrio... se todas [as disciplinas] *estão no semestre. Então eu acho que acontece isso e a gente entende isso* [quando] *o pessoal não veio ou então veio metade da classe, quando o aluno fala: 'É professor, amanhã tem prova'. Acho que tem algo errado, se ele* [o aluno] *precisa faltar do seu encontro para se preparar para o encontro do outro professor...".*

Decorre ainda dessa cultura a valorização das disciplinas de acordo com sua dificuldade, ou seja, muitos professores pareciam medir a qualidade de sua disciplina pela dificuldade encontrada pelos alunos na aprendizagem de seus conteúdos. O Professor reclamou: *"Como o pessoal* [professores das ciências básicas] *faz* [a disciplina] *ser massacrante!"*, e explicou a razão de alguns professores agirem assim:

"Porque eles têm uma visão... Eles acham o curso deles excelente porque é muito 'duro'. [...] *O pessoal da* [engenharia] *mecânica fala a mesma coisa: 'Vocês da* [engenharia de] *produção são* soft. *O nosso curso é bom porque é* hard, *massacra o aluno...'. Eles usam esse termo mesmo: massacrar!".*

Para o Professor, este aspecto da cultura também era compartilhado pelos alunos:

"Eu não entendo... O curso vai ser bom só se for exigente? Eu acho meio populismo você não querer enfrentar essa situação... Os meus cursos são relativamente relaxados... Não que não tenham nota, têm tudo certinho: as notas... Mas, os alunos sabem disso, eu não sou de ferrar ninguém. Ferrar o cara para o curso ser bom?! Não! Acho que o bom está ali naquilo que a gente discute [em sala de aula]. *Agora, eu vou ferrar porque os alunos estão querendo que ferre? Acho que não, acho que a postura como educador é discutir com eles: 'Por que vocês querem que* [os professores] *ferrem?'. Eu não acho que eu tenho que seguir o que os alunos querem. Eu acho que eu tenho que discutir com eles!* [...] *O papel do educador é discutir com eles: 'Por que vocês avaliam que isso é qualidade de curso?'".*

Como em outras instituições, dava-se ênfase excessiva na IES à avaliação, principalmente por meio de testes que mediam a capacidade do aluno de memorizar conceitos e fórmulas e de aplicá-los na resolução de problemas teóricos. Este aspecto institucional derivado da cultura positivista e do modelo de educação em massa acabava engendrando uma cultura voltada para a prova, para os resultados e para a obtenção de notas, com o intuito de ser aprovado na disciplina em detrimento do processo e da própria aprendizagem.

Essa orientação para a nota levava a um comportamento estudantil semelhante ao de trabalhadores em um sistema de cotas. Em uma das aulas observadas uma aluna perguntou: *"Professor, como vai ser a prova final? Para eu saber como estudar"*. Este excerto também confirma os resultados de estudos que mostram que os estudantes em geral administram sua aprendizagem fundamentados na forma como são avaliados.

O custo para a aprendizagem em razão dessa orientação parece ser alto. A ênfase excessiva na nota pode inibir o pensamento intuitivo eficiente dos alunos, já que esta forma de pensamento demanda a abertura para equívocos na tentativa de resolver problemas. O desenvolvimento do pensamento intuitivo — analogamente à criatividade e à curiosidade — é dificultado quando o aluno se preocupa demais com as conseqüências de seus erros (ou acertos) em sala de aula, quer dizer, com suas notas. Quando assim agem, os alunos tendem a aderir tenazmente aos processos analíticos, mesmo quando são inadequados,[22] ou seja, na melhor das hipóteses buscam a eficiência em detrimento da eficácia na solução de problemas e na aprendizagem em geral.

Além disso, a literatura mostra que a cola é mais comum entre os alunos que têm baixa orientação para a aprendizagem e alta orientação para as notas. Os alunos que dão ênfase excessiva às notas concentram-se mais em formas de impressionar o professor que no conteúdo da disciplina, um comportamento comum na sala de aula convencional. Por outro lado, os alunos altamente direcionados para

22 Bruner (1987).

a aprendizagem e com baixa orientação para notas mostram hábitos de estudo mais eficientes.[23]

Apesar de ter uma visão diferente sobre avaliação, como mostram trechos anteriores de sua fala, o Professor lançou mão algumas vezes desse aspecto da cultura da IES para conseguir a atenção dos alunos nas aulas observadas. Em uma ocasião, ao alertar sobre a necessidade de se atentar para o que as questões das tarefas de casa pediam, de modo a respondê-las corretamente, disse aos alunos: "*Será útil no futuro, na sua vida profissional, nas provas, no Provão* [ENADE]!".

Embora possa ocasionalmente motivar os alunos, dar início a uma atividade ou levar à sua repetição, esse tipo de reforço não parece ser capaz de sustentar o longo caminho da aprendizagem.[24] Além disso, esse episódio também indica uma das características principais do ensino tradicional, a saber: o entendimento de que os conhecimentos ensinados, mesmo não aparentando fazer sentido no presente, serão úteis no futuro, quando o esforço empreendido para aprendê-los será então recompensado.[25]

No entanto, é necessário reconhecer a legitimidade dessa preocupação do Professor, na medida em que o Exame Nacional de Desempenho de Estudantes (ENADE) pode determinar muito do que ocorre na sala de aula universitária, apesar da autonomia dada aos seus docentes. A existência de mecanismos de controle como o ENADE também pode desencorajar a adoção de modelos alternativos de ensino. Cunha[26] provoca: "Que universidade se anima a fazer a ruptura com o modelo imposto?", ou seja, a adoção de abordagens alternativas estaria atrelada ao tipo de avaliação que se faz do Ensino superior.

Ainda outro importante aspecto cultural da IES parece resultar de um aspecto institucional. O isolamento, decorrente da ausência de es-

---

23 MENGES, R. J.; AUSTIN, A. E. Teaching in higher education. In: RICHARDSON, V. (Ed.). *Handbook of research on teaching*. Washington: AERA, 2001. pp. 1.122-1.156.

24 Bruner (1973).

25 SNYDERS, G. *Pedagogia progressista*. Coimbra: Livraria Almedina, 1974.

26 Cunha (2001, p. 81).

paços institucionais onde os docentes possam trocar informações e experiências sobre suas práticas, parece concorrer para outra característica cultural da IES: a não ingerência no trabalho de colegas. Com relação a este ponto os professores da IES não parecem diferir dos professores em outros contextos educacionais. É sabido que o individualismo caracteriza sua socialização, e os professores não compartilham uma forte cultura técnica. As maiores recompensas psíquicas dos professores são obtidas em isolamento, e a intromissão de um no fazer de outro poderia comprometer este ganho.[27]

Segundo o Professor, mesmo quando havia a possibilidade de troca de experiências em reuniões gerais na IES, isto não acontecia porque *"não tem clima!. Os professores se sentem desconfortáveis em falar sobre dificuldades de ensino"*. Esse desconforto poderia ser entendido a partir da própria formação do engenheiro, segundo Ferraz:

> O engenheiro que exerce o magistério, como todos os demais especialistas, sofre de certas deficiências naturais, próprias da profissão. Falta-lhe, por exemplo, a humildade em aceitar o diálogo, não somente com os alunos, mas com colegas de profissão [...]; não admite refutações; habitua-se a falar sozinho, cônscio de sua autoridade [...]; impõe inconscientemente e categoricamente a lei do *magister dixit*.[28]

Também poderia ser atribuído, segundo o Professor, ao fato de a IES só valorizar a pesquisa, não alocar tempo para a troca de informações e experiências entre os docentes e porque

> *"existe uma tradição de não interferência no trabalho dos colegas. Se você interfere, você está entrando na autonomia do professor. Há muito receio de se abrir por medo de puxarem o seu tapete. Não existe um clima positivo. Tudo é tratado na superficialidade. Eu acho que parte deste comportamento é decorrente da 'cátedra'. É muito difícil expor as dificuldades no*

27 Lortie (op. cit.).

28 Ferraz, H. *A formação do engenheiro*: um questionamento humanístico. São Paulo: Ática, 1983.

grupo [de docentes do mesmo departamento]. *Não existe tradição de fazer isto. Já aconteceu de um professor que estava tendo problemas sérios em sala de aula e numa reunião, quando lhe foi dada a oportunidade de expressá-la, disse que estava tudo bem*".

Este comportamento em razão da "cultura da cátedra" – resquício de uma estrutura organizacional adotada por muitas universidades brasileiras no passado – também comprovaria que a prática docente é fortemente determinada pelas atitudes e pelos comportamentos estabelecidos pela tradição ocupacional.[29]

Já o "*receio de se abrir por medo de puxarem o seu tapete*" remete a Miles, citado por Huberman.[30] O autor acredita que uma instituição educacional sadia e propensa à inovação seja caracterizada por uma comunicação adequada entre os professores. Ao contrário, uma instituição refratária a inovações apresentaria alto grau de isolamento entre os professores, uma provável conseqüência de sua desconfiança mútua, o que pode ser atribuído à IES a julgar por essa fala do Professor.

Assim, além de embargar o desenvolvimento dos docentes, a não ingerência parecia também dificultar as mudanças educacionais. De fato, este e outros aspectos da cultura da IES aparecem entre os indicadores de escolas conservadoras para Thurler:

> individualismo, estrutura "caixa de ovos", poucas discussões sobre assuntos profissionais, [...] os professores imaginam sua profissão como um conjunto de rotinas a serem assumidas, cada um por si, sem pensar muito.[31]

---

29 Tardif (op. cit.).

30 Huberman, M. *Como se realizam as mudanças em educação*: subsídios para o estudo do problema da inovação. São Paulo: Cultrix, 1973.

31 Thurler (op. cit., p. 11).

Sabe-se que os aspectos individuais determinam muito a maneira como uma aula se dá, principalmente porque os docentes têm uma autonomia relativa em sala de aula. Toma-se como exemplo o último excerto da fala do Professor e a maioria dos apresentados até o momento. Eles sugerem que, mesmo sendo membro da IES, muitos dos aspectos institucionais e culturais desta não contavam com sua aquiescência, ou seja, os aspectos individuais do Professor (Quadro 3) faziam com que sua aula diferisse, embora timidamente, da maioria das aulas ministradas na IES.

Quadro 3 Aspectos individuais do Professor.

Aspectos individuais
• Objetivos educacionais centrados na formação do profissional e cidadão. • Predisposição para inovações. • Momento da vida e da carreira. • Senso crítico e sensibilidade a questões sociais e humanas. • Formação religiosa. • Concepção de ensino centrada na fundamentação teórica. • Domínio do conteúdo. • Valorização do ensino. • Humanismo e idealismo. • Simpatia e empatia.

Essa divergência era atestada com relação ao enfoque no mercado conferido pela IES à formação dos alunos, um aspecto comum em instituições com características semelhantes. O Professor reconhecia a existência desta concepção entre os docentes, mas discordava: "*O pessoal fala muito no mercado. Eu bato que a universidade não é cursinho técnico. Tem que preparar o homem!* [...] *Eu acho que os alunos deveriam ser preparados para a vida em sociedade*". Desta forma, o Professor parecia atribuir a si a função de educador, desvalorizada no mundo de hoje, a quem cabe a instrução e a formação integral da personalidade dos alunos.

Essa fala do Professor coincide com o que muitos autores pensam sobre o ensino em engenharia. Por exemplo, Souza[32] pontua:

> Penso que o profissional [engenheiro] não deve ser preparado para o mercado de trabalho, mas, sim, para atender as demandas sociais. O mercado de trabalho é uma expressão das variações cíclicas na conjuntura econômica.

Ao contrário, a formação universitária não deve apenas preparar os alunos para uma determinada função ou emprego (mercado), mas também para a atuação profissional. Isto implica que os alunos devam aprender tanto como fazer (*know-how*) quanto o que fazer (*know-what*).

Já que a educação convencional em engenharia enfoca principalmente o *know-how* (modelo da racionalidade técnica), pode-se supor que os docentes que têm uma visão diversa dos objetivos do Ensino superior estejam mais predispostos a inovar na sala de aula para acomodar esta diferença. Com efeito, a predisposição do Professor à inovação — aqui entendida como adoção, em vez de invenção, de metodologias de ensino alternativas — parecia destoar da predileção por modelos instrucionais convencionais na IES.

O fato de o Professor ter se oferecido a participar deste trabalho já elucidaria este aspecto, mas não é o único. Em outras ocasiões o Professor aceitou participar de experiências de cunho pedagógico, ainda que pontuais. Recentemente, tinha utilizado o modelo de Kolb para investigar os estilos de aprendizagem de seus alunos junto com um orientado, o que pode ter aberto o caminho para o presente trabalho:

> "*Sabe que isto* [PBL] *me faz pensar também no Kolb... Nós fizemos um trabalhinho aqui...* O [orientado] *tinha visto em algum lugar. Aí ele começou a trazer esta idéia e começou a me provocar isto... da questão*

---

32 Souza, M. F. Engenharia ontem e hoje. In: von Linsingen, I. et al. (Orgs.). *Formação do engenheiro*: desafios da atuação docente, tendências curriculares e questões contemporâneas da educação tecnológica. Florianópolis: Editora da UFSC, 1999. p. 118.

dos problemas mesmo. Ao invés de estabelecer os princípios, criar uma situação-problema... Agora estou sentindo um pouco o efeito daquelas conversas também. Parece que não ficou nada, mas agora estou sentindo que pensar o problema também vieram daquelas conversas todas que nós [Professor e orientado] *tivemos...".*

Essa predisposição do Professor para inovar e buscar abordagens alternativas à sala de aula convencional pode ter várias causas, entre elas, seu momento de vida e de carreira. Como foi colocado anteriormente, na ocasião da pesquisa o Professor tinha 45 anos de idade, a qual Sikes[33] — embora pautada em estudos realizados em outros níveis de ensino — considera estar dentro de uma faixa etária crucial para os professores. Segundo a autora, nessa idade os docentes se questionam sobre o que fizeram de suas vidas e carreiras e procuram formas de se expressar e de se satisfazer no futuro.

Além disso, sem desejar enquadrar o Professor em uma categoria ou tipo ideal, já que há um sem-número de fatores pessoais e profissionais que o tornam único, a predisposição do Professor à mudança à época da pesquisa pode ser também compreendida a partir da fase da carreira em que se encontrava. Apesar de também se fundamentar em investigações junto a professores do ensino fundamental e médio, Huberman[34] considera a fase da carreira do Professor (7-25 anos) como uma fase de questionamento ou de experimentação e diversificação.

Em comparação com contextos escolares nos demais níveis de ensino, é possível assumir que o prestígio, as condições materiais e as oportunidades de crescimento oferecidas pela IES eram capazes de mitigar ou afastar os conflitos que fazem parte do questionamento do meio da carreira. De fato, não foram encontrados indicadores deste processo em sua fala. Mesmo o fato de estar fazendo à

---

33 Sikes, P. J. The life cycle of the teacher. In: Ball, S. J.; Goodson, I. F. (Eds.). *Teachers' lives and careers.* Londres: The Falmer Press, 1985. pp. 27-60.

34 Huberman, M. O ciclo de vida profissional dos professores. In: Nóvoa, A. (Org.). *Vidas de professores.* Porto: Porto Editora, 1995. pp. 31-61.

época da coleta de dados um curso de especialização aponta para um processo mais de experimentação ou diversificação que insatisfação e mudança de carreira.

Assim, a experimentação e a diversificação aparentam ser as características mais marcantes do momento profissional do Professor, podendo ser atribuídas a um receio emergente de cair na rotina, o que pode ser verificado na fala do Professor: "*Eu dou esta disciplina há vinte anos; está na hora de mudar um pouco*". Este excerto ainda concordaria com Trow, citado por Huberman,[35] para quem as mudanças no Ensino superior resultam menos "do sentimento de insuficiência da ordem existente que do tédio suscitado pelo que até então se fez".

A fala do Professor também parece corroborar o que encontrou Chamlian[36] em seu estudo sobre professores inovadores na USP. A autora sustenta que professores nos estágios mais avançados de suas carreiras estariam mais livres (com relação à produção de conhecimento ou à pressão da carreira) para contemplar questões de ensino. Ou, ainda, a autora sugere que com maior tempo de experiência no ensino os professores se sentiriam mais seguros para inovar em sala de aula, o que coincidiria com o seguinte excerto da fala do Professor: "*Só de uns anos para cá eu me sinto mais tranqüilo para tentar coisas diferentes* [em sala de aula]".

Outros fatores parecem predispor os professores universitários à diversificação e experimentação paralelamente à insatisfação com a prática realizada ou ao receio de cair na rotina. Em seus estudos, Cunha[37] encontrou em muitos desses professores uma forte consciência crítica e sensibilidade às questões humanas, advindas de um passado de participação em movimentos político-sociais, o que pode ser percebido na fala do Professor:

35 Huberman (1973, p. 18).

36 Chamlian, H. C. Docência na universidade: professores inovadores na USP. *Cadernos de Pesquisa*, n. 118, pp. 41-64, 2003.

37 Cunha, M. I. Ensino com pesquisa: a prática do professor universitário. *Cadernos de Pesquisa*, n. 97, pp. 31-46, 1996.

"Eu fui uma pessoa, quando jovem, de querer mudar as coisas e isso veio da Igreja, muito conservadora, durante o período militar, com um bispo superconservador, uma sociedade fechada [...]. *Eu sempre questionando tudo que acontecia. Na minha adolescência e começo da vida adulta, a participação, ingresso no* [partido político]... *Hoje eu sou mais incrementalista* [...]. *É preferível você dar um passo para a mudança do que 'ou se faz a revolução ou não se faz nada'"*.

Este trecho também alude à maneira que Schön, citado por Huberman,[38] define o profissional inovador. Segundo o autor, o profissional inovador é um indivíduo "dotado de vontade forte, atraído pelo risco, firmemente contrário à ordem estabelecida, que revela grande energia e é capaz de incitar e de sustentar desaprovação".

O trecho prévio ainda traz à baila uma das características observadas no Professor: sua formação religiosa. Além de lhe ter conferido sensibilidade a causas sociais e integridade profissional, este aspecto também parece tê-lo predisposto à inovação. Estudos com inventários gerais da personalidade mostram que pessoas inovadoras ocuparam posições elevadas nas escalas de orientação religiosa.[39] Contudo, paradoxalmente, esse aspecto do Professor pode, em alguns momentos, ser contrário à adoção de abordagens de ensino menos lineares, menos seqüenciais, menos centradas no cumprimento de um programa, como ele próprio reconheceu:

"Esse conceito de culpa, que eu, por exemplo, que fui criado na Igreja Católica, para mim é muito forte. É forte na vida e não seria diferente na minha vida profissional e na sala de aula porque você fica com complexo de culpa: 'Eu não passei toda a profundidade!' ou então 'Não abrangi o programa como um todo... não fui um bom professor, fui relapso'".

Por outro lado, é provável que este sentimento de culpa também esteja relacionado com o conceito do bom professor internalizado

38 Huberman (1973, p. 72).

39 Ibid.

pelo Professor. A avaliação que o Professor faz de sua prática estaria associada ao que a IES entende como uma boa prática docente. O Professor parece pensar como indica Tardif: "Sou um bom professor porque atendo adequadamente às expectativas sociais em relação aos comportamentos e às atitudes institucionalizadas que dão origem ao meu papel".[40]

A preocupação do Professor com o cumprimento do programa poderia também ser atribuída à adesão a uma concepção de ensino dominante na IES. Mesmo que a maioria dos aspectos individuais o predispusesse à inovação, a prática do Professor em alguns momentos parecia indicar uma concepção convencional de ensino e aprendizagem, comum no ensino de engenharia da IES. Isto poderia ser explicado pela forte tendência de os professores aderirem a alguns ou a todos os valores culturais da equipe de trabalho/instituição. Isto explicaria o fato de ocasionalmente agirem de forma contrária aos seus próprios valores, principalmente por desconhecerem os resultados que suas ações acarretam.

De qualquer forma, a prática do Professor parecia às vezes revelar uma concepção que se aproximava ao extremo *continuum* de Kember[41] em que o ensino é entendido como um processo centrado no conteúdo e/ou no docente. Como indica a literatura, essa concepção implica um modelo de ensino em que a teoria sempre precede à prática, cuja integração é considerada, basicamente, responsabilidade dos alunos, que deverão fazê-la em um momento posterior, nos últimos anos escolares ou em suas futuras carreiras.

Um evento no primeiro dia do semestre elucida esse aspecto individual. O Professor perguntou aos alunos o que esperavam da disciplina e eles relataram que gostariam de aprender técnicas de administração, que houvesse integração entre a teoria e a prática. Estas respostas foram então seguidas por uma longa preleção do Professor, na qual justificou a necessidade da teoria para a construção de um

---

40 Tardif (op. cit., p. 78).

41 Kember, D. A reconceptualization of the research into university academics' conceptions of teaching. *Learning and Instruction*, v. 7, n. 3, pp. 255-275, 1997.

modelo prático e colocou que o objetivo da disciplina era "*oferecer uma fundamentação para vocês poderem tomar decisões não programadas* [em suas futuras carreiras]".

A preocupação com passar todo o conteúdo específico pode também ser derivada do vasto conhecimento que o Professor tinha sobre a área em foco (TGA), reconhecido por colegas e alunos. Em sua aula demonstrava o domínio daquilo que ensinava, requisito *sine qua non* para que o docente possa transitar com tranqüilidade pelos conteúdos, ter uma visão ampla e profunda dos mesmos e trabalhá-los de modo a satisfazer as necessidades e características dos alunos. É o que se infere neste trecho em que comentava sobre o uso de livros-texto:

> "*Porque os livros continuam ainda saindo... Inclusive a* [Editora] *me mandou um livro: 'Ah professor estou mandando um livro sobre Teoria Administrativa que acabou de sair do forno...'* [...]. *Continua (o livro saiu... maio de 2001) a mesma coisa. Ele desfia do começo ao fim cada uma das teorias e qual é o problema? O problema é a compreensão. Porque o aluno lê tudo aquilo e pergunta: 'E eu faço o quê com tudo isso?'. Estruturado nos quatro momentos, eu faço aquele quadrinho, você mostra* [que] *na verdade o que está havendo é uma evolução do pensamento administrativo.* [...] *Então, com isso eu procuro mostrar que a TGA tem uma aplicação relevante. Eu acho que essa é uma abordagem que muitas pessoas têm utilizado... O professor* [...], *por exemplo, até brinca comigo: 'A sua transparência já viajou para todo lugar...'* [...] *usou para estruturar dois capítulos da tese de doutorado dele...* [...] *Muitos alunos meus na Pós comentam: 'Puxa, eu fiz TGA na graduação e nunca tive esta visão'. Porque ela passa uma visão do todo, porque neste modo tradicional de apresentar, desfiando as teorias, o aluno não tem uma visão do todo. Ele pode até saber bem as teorias, mas ele não consegue juntar...*".

A seriedade com que encarava o ensino também era um aspecto individual importante do Professor. A valorização do ensino permeava a fala e a prática do Professor, como se viu no excerto anterior e é reafirmado neste trecho:

"Eu falo para os alunos: 'A TGA enquanto corpo de conhecimento... não é isso que ela está querendo dizer para a gente. Nós não precisamos decorar 18, 36 teorias [...], nós precisamos entender que o propósito deste corpo de conhecimento é querer revelar como funciona a dinâmica de uma organização [...]'. Quando, por exemplo, o [Autor] *publica um livro sobre estratégia, ele é um pesquisador, ele está contribuindo com o corpo de conhecimento de TGA. Mas o professor de TGA não pode pegar o livro do* [Autor] *e adotar ele como livro-texto [...]. O professor tem que ter a compreensão e falar: 'Esse corpo de conhecimento [...] o que ele quer dizer para nós'. [...] Então minha primeira preocupação sempre foi me indagar o que este corpo de conhecimento quer dizer para nós e tentar trazer isto para a disciplina. E eu faço uma crítica a alguns professores* [que] *repetem o que alguns livros têm de forma acrítica".*

Esse excerto corrobora o fato, relatado pelo Professor, de alguns professores universitários utilizarem apenas um livro-texto como organizador do conteúdo. Isto pode ser atribuído a uma base deficiente de conhecimento da docência, que tornaria o docente presa de manuais e de meios de ensino ou de seus vendedores.[42] Pode-se imaginar que a adoção de livros-texto (ou textos predeterminados) seja relativamente comum em universidades como a IES, já que os docentes também podem tê-la como uma estratégia de sobrevivência frente à sobrecarga de trabalho. O uso deste material facilitaria a transmissão do conteúdo, deixando mais tempo para outras atividades acadêmicas (e.g., pesquisa).

Os últimos excertos da fala do Professor também ilustram duas de suas características mais marcantes: humanismo e idealismo (no sentido lato da palavra). Na fala seguinte ele comenta sobre a importância do ensino na formação do aluno, do cidadão, do ser humano:

"Ter prazer e felicidade [na sala de aula] *é importantíssimo para a própria harmonia deles, porque hoje os valores são muito fortes de mercado, da dis-*

42 Huberman (1973).

puta, do egoísmo, do individualismo... Então o professor deve... Embora eu tenha consciência de que a mudança minha ali vai ser muito pequena".

Porém, como mostra a literatura,[43] o idealismo do Professor podia, ocasionalmente, mostrar-se frágil quando confrontado com as pressões e a inércia da cultura institucional:

> *"Tem aquela coisa da idade... Chega uma hora... Já fui coordenador da* [comissão da IES], *já fui membro da* [mesma comissão], [...] *você, de forma idealista, vai batendo... Mas tem uma hora que cansa porque isto envolve você despender muita energia e esforço em um trabalho que é coletivo, portanto, todos deviam se engajar. Você sozinho não muda! Não adianta mudar sua disciplina se os outros não mudam!"*.

Como mostra esta última fala, o idealismo do Professor compelia-o a atuar ativamente na gestão universitária mediante a participação em várias comissões de coordenação e cargos administrativos da IES. Essa participação, por sua vez, seria indicativa de predisposição à inovação no ensino, segundo Chamlian,[44] já que

> estes postos naturalmente tendem a encaminhar as reflexões de seus ocupantes para questões mais gerais da vida da universidade, e no caso das comissões de ensino, diretamente para a natureza das atividades desenvolvidas pelos cursos sob sua direção.

É desnecessário dizer que um docente com as características citadas era benquisto por colegas e alunos, o que foi atestado durante os encontros para o planejamento da implantação do PBL. Os encontros eram comumente interrompidos por visitas ou telefonemas sociais de alunos e ex-alunos, que, por sua vez, explicitavam como

---

43 Ball, S. J.; Goodson, I. F. Understanding teachers: concepts and contexts. In: Ball, S. J.; Goodson, I. F. (Eds.). *Teachers' lives and careers*. Londres: The Falmer Press, 1985. pp. 1-26.

44 Chamlian (op. cit., p. 54).

o Professor exercia autoridade e conseguia a adesão dos alunos: por intermédio de respeito e carisma. Nas aulas e na fala do Professor também foi possível encontrar exemplos deste traço de sua personalidade profissional:

> *"Eu acho que estou mais para o lado tradicional do que para uma metodologia inovadora, embora os alunos sempre, não todos, mas...* [...] *O que mais me chama atenção no final da* [disciplina] *é assim: eles consideram que houve um grande respeito por eles, e respeito acho que de... que se manifesta, talvez eles não saibam expressar bem e eu também no começo não tinha entendido bem, mas que agora está um pouco mais claro... Respeito de várias formas: respeito pela pessoa que muitas vezes o professor não tem, de você tratar a pessoa com educação* [...]; *respeito de ouvi-los, tem muitos professores com quem não têm diálogo, mais aqui na engenharia, talvez em outras áreas seja diferente; respeito pela aula bem-preparada* [...]; *respeito por ter um plano de aula, na parte de conhecimento, você tem um propósito quando você consegue transmitir isso para o aluno, ele viu que você fez um grande esforço, um grande esforço que você está se dedicando a ele, não é? Eu acho que é esse respeito que ele manifesta, quer dizer, você se dedicou um tempo a ele, você não fez aquilo burocraticamente, naquele horário lá e pronto. Você pensou, você se esforçou..."*.

Outro trecho da fala do Professor ilustra a abertura e proximidade que procurava cultivar com ex-alunos e, também, indica um fator motivador da mudança que buscava com a implantação do PBL, a necessidade de trabalhar as habilidades e atitudes dos alunos, além de conferir-lhes o domínio do conhecimento específico:

> *"Teve um aluno nesta sala minha aqui, aí onde você está, o aluno sentado, e eu aqui... Sempre vem um aluno conversar com você, as salas da graduação são maiores, a gente nunca consegue se lembrar de todos, mas tem sempre um aluno que se destaca, vem conversar com você. Teve um aluno da* [engenharia] *civil... Essas turmas da civil têm 60, 70 alunos, você dá aula um semestre, você não tem essa intimidade... Teve um aluno em particular, acho que uns dois anos atrás que ele se interessava, ele vinha con-*

versar... Esse aluno veio... Ele fez o curso comigo no primeiro semestre... Aí ele veio lá para 15 de dezembro: 'Professor, estou chateado, queria conversar com o senhor porque não estou entendendo o que está acontecendo, queria que o senhor me ajudasse. Eu participei de um processo seletivo e fui para a entrevista e na primeira entrevista, numa dinâmica de grupo, no primeiro passo do processo, eles já me cortaram no primeiro passo...`. Eu falei: 'Olha, o que aconteceu foi o seguinte, penso eu. Eles te chamaram porque eles não têm dúvida sobre a sua formação técnica. O curso da civil aqui está entre os três melhores do Brasil. [...] *Eles não têm dúvida. Você é capaz de trabalhar na engenharia civil! Agora a dinâmica em grupo foi para ver se você tem capacidade de comunicação, se você tem capacidade de trabalhar em grupo, se você tem alguma noção de liderança, se você consegue... Qual que era a função?`* [O aluno:] *'Ah, eu ia ser responsável por uma construção de uma estrada lá no Tocantins`.* [Professor:] *'Você é recém formado, mas já teria que tocar os operários, o mestre de obras, os operadores de máquinas. De imediato você teria que ser responsável pelo trabalho de outras pessoas, então o trabalho técnico não tem dúvida`.* [Aluno:] *'Então nosso curso não fala nada, não prepara nada?!`".*

UMA AULA NA ENGENHARIA

Na confluência dos aspectos institucionais, culturais e individuais arrolados anteriormente está a aula do Professor, inspirada por seu idealismo, mas cerceada pelas limitações do contexto, entre elas: sua carência de formação pedagógica. Apesar de sua postura crítica com relação à cultura positivista da IES e sua predisposição à inovação, essencialmente, a prática do Professor parecia aproximar-se da concepção de ensino como transmissão de conhecimento estruturado, ou seja, um ensino no qual o docente — detentor de um conhecimento definido pelo currículo — apresenta conceitos cuidadosamente estruturados aos alunos, que na maior parte do tempo se comportam como recipientes passivos.

Ainda que não se deseje reduzir a prática em sala de aula do Professor a um modelo único, constante e uniforme, a observação de 13 encontros durante esta fase da pesquisa possibilitou identificar alguns procedimentos e aspectos comuns a elas. Em geral, as aulas do Professor seguiam o esquema mostrado na Tabela 1, que contém os segmentos da aula, o tempo que o Professor lhes alocava — proporcional à duração do encontro — e a característica predominante de participação (Professor ou alunos).

Tabela 1 Esquema representativo da aula do Professor.

Segmento	Tempo	Característica	Atividades
1	5%-10%	Centrada no Professor	• conversa informal para quebrar o gelo; • devolução de material corrigido; • comentários sobre os trabalhos dos alunos.
2	15%-20%	Centrada no Professor	• recapitulação dos tópicos tratados no encontro anterior; • pequena síntese sobre os conteúdos trabalhados até o momento.
3	45%-60%	Centrada no Professor	• apresentação do tópico da aula por intermédio de preleções iniciadas por perguntas sobre os textos lidos em casa, ocasionalmente entremeadas de discussões; • síntese dos conceitos apresentados em aula (oral e na lousa).
4	15%-20%	Centrada nos alunos	• atividades em grupo (análises de casos, questionários, entre outras).

No entendimento do Professor, a metodologia que empregava para ensinar encontrava-se *"no meio termo entre a aula expositiva e o PBL"*. Com isso, ele queria dizer que havia um elemento inovador com relação à prática docente na IES. Sua metodologia de certo modo também sinalizava a inovação possível dada sua carência de formação pedagógica e outros aspectos limitantes do contexto. Ele utilizava textos retirados de livros (previamente entregues aos alunos para leitura em casa) para motivar a discussão de tópicos da TGA em sala de aula. Esses textos eram escolhidos pelo Professor no período de recesso escolar, quando geralmente planejava sua disciplina para o semestre subseqüente.

O Professor considerava importante replanejar sua disciplina todos os semestres, o que, segundo ele, não era feito por muitos docentes, que seguiam os mesmos esquemas durante muitos anos. Nesta ocasião, ele fazia uma revisão dos textos usados no semestre anterior, trocando alguns deles. Segundo o Professor: *"Alguns dos textos eram excelentes, mas muito difíceis para os alunos, então preferi sacrificar um pouco da profundidade em prol de uma melhor compreensão do conteúdo"*, o que denotaria sua predisposição à reflexão sobre a prática, que poderia resultar em aprimoramento desta e em desenvolvimento de sua base de conhecimento para a docência.

Uma vez escolhidos os textos, o planejamento das aulas consistia, segundo o Professor, na leitura atenta na véspera dos encontros dos mesmos e na reflexão sobre as prováveis dúvidas dos alunos e como elucidá-las. Este procedimento do Professor parece ser comum na educação convencional em engenharia, na qual o domínio do conhecimento específico é a competência principal e, talvez, única para o exercício da docência. Neste contexto, preparar aulas parece significar preparar-se para as aulas, ou seja, estar preparado para expor o conteúdo e responder a quaisquer dúvidas dos alunos.

O Professor começava suas aulas com comentários iniciais gerais, para "quebrar o gelo" (Segmento 1). Logo depois devolvia os trabalhos realizados pelos alunos no encontro anterior ou em casa. Esses trabalhos podiam ser respostas a perguntas colocadas pelo Professor na lousa, na aula anterior, sobre o tópico em questão (respondidas em grupo em sala de aula), resumos sobre a aula anterior, fundamentados na literatura, feitos individualmente em casa, entre outras tarefas.

O Professor relatou que tentava devolver os trabalhos logo no encontro seguinte às atividades, porque achava *"muito importante dar retorno aos alunos"*. Esta percepção do Professor indica algum conhecimento dos alunos, um dos componentes da base de conhecimento da docência, já que estudos que investigaram estratégias para aumentar a motivação de alunos mostram resultados positivos associados ao *feedback* corretivo.[45]

Depois de entregar os trabalhos, o Professor fazia comentários sobre eles, quando geralmente os elogiava. Ele relatou que considerava essencial elogiar e estimular os alunos, apesar de também ter tecido comentários ocasionais sobre tarefas mal realizadas. A prática de elogiar os alunos é particularmente comum na sala de aula convencional, já que esta depende bastante da motivação extrínseca dos alunos. No entanto, "com o processo de aprendizagem, chega-se a um ponto em que é melhor abster-se de premiações extrínsecas, como elogios do professor, em favor da recompensa intrínseca inerente à solução de um problema complexo", segundo Bruner.[46]

Para alguns autores, louvar o trabalho dos alunos não se constitui em um apoio social efetivo — este apoio só pode ser conseguido quando o docente encoraja os alunos a assumirem riscos, a buscarem a conclusão de trabalhos acadêmicos desafiadores e a aprenderem conhecimentos e habilidades fundamentais. De qualquer forma, o clima de respeito observado na sala de aula do Professor seria considerado apoio social por Newmann & Whelage, que acreditam que um ambiente de respeito mútuo contribui para que todos os alunos alcancem os objetivos da disciplina/curso.[47]

---

45 Menges & Austin (op. cit.).

46 Bruner (1973, p. 49).

47 Newmann, F. M.; Whelage, G. G. Five standards of authentic instruction. In: Fogarty, R. (Ed.). *Problem-Based Learning*: a collection of articles. Arlington Heights: Skylight, 1998. pp. 33-42.

No segundo segmento da aula, o Professor fazia uma recapitulação dos conceitos apresentados na semana anterior e relacionava-os com conceitos ensinados desde o começo do curso, mediante perguntas e sentenças com final aberto: "*Quando descemos na pirâmide* [organizacional] *temos problemas do tipo...?*", geralmente respondidas ou completadas por ele mesmo: "*Problemas do tipo estruturado!*" Depois ia à lousa e esquematizava o conteúdo em foco. Os alunos participavam pouco desse segmento, mesmo quando incitados com perguntas do Professor: "*Vocês têm alguma dúvida sobre a aula anterior?*".

No Segmento 3 o Professor passava para o tópico da aula, sobre o qual os alunos deveriam ter lido um texto em casa. Ele começava colocando perguntas, freqüentemente respondidas de forma breve por um grupo pequeno de alunos que se sentavam nas primeiras carteiras das fileiras centrais da sala. Isto estava em acordo com a distribuição espacial da fala na aula convencional, na qual a fala se localiza na frente e no centro das salas em escolas de nível médio e superior, de acordo com Dreeben:

> Quando o professor fala, há grande probabilidade de esta fala estar direcionada a um grande grupo de alunos (não a um pequeno grupo), de o aluno que fala depois dele estar sentado perto da frente e ao longo de uma faixa central e de o professor ser o próximo a falar.[48]

O Professor tentava envolver os outros alunos: "*Só os três* [alunos] *aqui da frente leram o texto?*". Mas a maioria deles permanecia passiva e/ou alheia à discussão, às vezes dedicando-se a outras atividades. As respostas dadas pelos alunos do grupo "da frente" às perguntas do Professor eram seguidas por longas preleções do mesmo. Nestes momentos o Professor colocava-se à frente da sala, discorrendo sobre o tópico da aula, uma característica do ensino tradicional.[49]

---

48 DREEBEN, R. The school as a workplace. In: TRAVERS, R. M. (Ed.). *Second handbook of research on teaching*. Chicago: Rand MacNally, 1973. p. 465.

49 Mizukami (op. cit.).

Durante essas preleções os alunos ouviam passivamente, poucos tomavam nota; alguns se distraíam e outros se debruçavam sobre as carteiras. Postado à frente da sala, o Professor comportava-se da forma descrita na literatura,[50] isto é, tentava manter a instrução sob seu comando, palestrando e perguntando a maior parte do tempo. A participação dos alunos reduzia-se a respostas às perguntas colocadas pelo Professor.

O fato de muitos alunos não participarem era fonte de desconforto para o Professor. Ele relatou que essa postura dos alunos era "*desmotivante para um professor que, como eu, prepara sua aula cuidadosamente*". Aparentemente, também valia para o Professor o que foi encontrado junto a professores em ambientes educacionais convencionais: para estes o ensino está bom quando os alunos estão respondendo com entusiasmo, quando parecem estar alertas e interessados.[51]

Para encorajar o debate entre os alunos, em alguns encontros o Professor pediu para que rearranjassem as carteiras de modo a formarem um círculo. Isto causava grande transtorno por causa da dificuldade de locomoção das carteiras e não surtia efeito em termos de uma maior participação dos alunos. A discussão pretendida, como em outras ocasiões, ocorria principalmente entre o Professor e um aluno individualmente; raramente envolvendo interações aluno–aluno, como era desejado.

Esse fato coincide com resultados de estudos sobre as dinâmicas estabelecidas na sala de aula em função de seus contextos.[52] Parece que as discussões envolvendo toda a classe estimulam as interações professor–aluno, enquanto em pequenos grupos as interações aluno–aluno são mais freqüentes. Mesmo a postura passiva dos alunos, lamentada pelo Professor, aparenta ser em parte determinada pelo

---

50 Dreeben (op. cit.).

51 Nuthall, G.; Snook, I. Contemporary models of teaching. In: Travers, R. M. (Ed.). *Second handbook of research on teaching*. Chicago: Rand MacNally, 1973. pp. 47-76.

52 Pizzini, E. L.; Shepardson, D. P. A comparison of the classroom dynamics of a problem-solving and traditional laboratory model of instruction using path analysis. *Journal of Research in Science Teaching*, v. 29, n. 3, pp. 243-258.

contexto, já que o comportamento de responder também aumenta à medida que o contexto de aula caminha para pequenos grupos, enquanto a interação professor–aluno afeta negativamente este comportamento.

Os alunos, acostumados à passividade, assim permaneciam mesmo quando o Professor adotava meios alternativos de instrução. No dia em que os alunos assistiram ao filme sobre a Revolução Industrial, o Professor teve de intervir algumas vezes para que os alunos tomassem notas sobre o filme para posterior discussão em sala de aula. Os debates inexpressivos que se seguiram à disposição das carteiras em círculo e à projeção do filme sugerem que a adoção de algumas inovações dentro de um ensino predominantemente convencional não garante por si só a participação dos alunos.

Apesar de considerar sua aula diferente do modelo convencional por causa do uso de textos, a metodologia de ensino do Professor, ao menos neste segmento da aula (o mais longo deles), condizia com a metodologia tradicional de ensino descrita na literatura.[53] Nesta metodologia o professor fala bastante, gasta a maior parte do tempo palestrando, demonstrando, perguntando, comentando sobre as respostas dos alunos ou supervisionando tarefas passadas para os alunos. De quando em quando ele usa o tempo de aula para estruturar o conteúdo e fornecer sínteses de falas anteriores.

O papel principal do aluno nesse modelo é responder a perguntas e, ocasionalmente, fazer perguntas. Sobretudo, espera-se que ele esteja sempre atento à lição, mesmo que não tenha de responder a muitas perguntas durante a aula e, quando solicitado a responder a uma pergunta, sua resposta será repetida, elogiada ou comentada pelo professor. A maior parte de seu tempo será gasta ouvindo as respostas de outros alunos e os comentários do professor sobre estas respostas.

Esse esquema (i.e., perguntas do Professor seguidas de respostas curtas de alguns alunos e preleções do Professor) continuava durante todo o terceiro segmento da aula. Depois de certo tempo, as per-

53 Nuthall & Snook (op. cit.).

guntas não eram mais respondidas pelos alunos e sim pelo próprio Professor. Aquilo que ele havia planejado como uma discussão, um debate, um diálogo resumia-se em um monólogo. Os alunos ouviam passivamente, o que era quebrado esporadicamente quando o Professor colocava um exemplo ou um aluno relacionava o tópico em questão a uma situação real. Nestes momentos, o nível de interesse parecia aumentar. Este segmento terminava freqüentemente com perguntas do tipo: *"Pessoal, ficou claro? Mais alguma coisa que nos esquecemos de falar?"*, invariavelmente seguidas de silêncio.

No quarto segmento, o Professor passava tarefas aos alunos relacionadas ao tópico tratado na aula, que poderiam ser caracterizadas como problemas de aplicação de teoria e, mais freqüentemente, como rememoração de conceitos. Geralmente eram perguntas que ele escrevia na lousa ou um estudo de caso seguido de perguntas. Os alunos dividiam-se espontaneamente, quase sempre formando os mesmos grupos e assumindo os mesmos papéis: *"Eu notei que nos grupos que têm mulheres, elas sempre são as redatoras, fazem o papel de secretária"*, observou o Professor. Neste segmento da aula, o Professor circulava por entre os alunos, deixando pela primeira vez a frente da sala, e respondia às questões ocasionalmente colocadas por eles. Depois de um tempo, os alunos começavam a entregar as respostas e iam embora.

Capítulo 3

Para além de uma prescrição

Depois de realizada a análise de uma radiografia espera-se que se prescreva um tratamento ou procedimento. É aqui que este estudo se distancia da metáfora para deixar ao leitor a busca de uma prescrição — pautado nas especificidades de seu contexto de origem e nas similaridades com o contexto em consideração — e oferecer-lhe um exemplo de metodologia de ensino alternativa, a Aprendizagem Baseada em Problemas ou PBL (*Problem-Based Learning*), pois essa metodologia contempla muitos dos resultados da pesquisa educacional e responde de forma satisfatória aos dilemas e desafios colocados anteriormente.

Embora não seja objetivo deste trabalho indicar o PBL como a única alternativa ao ensino tradicional de engenharia nem, tampouco, propor sua adoção no contexto em questão ou em qualquer outra escola de engenharia do Brasil, seria interessante complementar as análises colocadas anteriormente com uma reflexão sobre o modelo PBL adotado pelo curso de arquitetura da Escola de Engenharia e Ambiente Construído da Universidade de Newcastle (EA-UN), Austrália. Seu interesse é decorrente da afinidade entre as áreas da engenharia e da arquitetura e, principalmente, porque a abordagem ao PBL da EA-UN contempla muitos dos requisitos apontados como desejáveis para o emprego do PBL no ensino desta área de conhecimento.[1] De fato, modelos semelhantes ao da EA-UN são comumente empregados no ensino de engenharia.[2]

APRENDIZAGEM BASEADA EM PROBLEMAS

O PBL é uma metodologia de ensino e aprendizagem colaborativa, construtivista e contextualizada que usa problemas da vida real para iniciar, motivar e focar a construção de conhecimentos. Apesar de seu nome, o PBL não é um mero conjunto de técnicas de solução de problemas. Estas fazem parte de seu processo, porém a metodologia não está reduzida a elas. Tampouco tem como foco principal o ensino de competências. Em um ambiente educacional PBL, as competências profissionais – conhecimentos, habilidades e atitudes – não são trabalhadas isoladamente. Seu desenvolvimento é decorrente do processo integrado de solução de problemas encontrados, ou passíveis de ser encontrados, na prática profissional futura dos alunos, portanto transpassados por aspectos interpessoais, sociais, históricos, éticos, econômicos, ambientais, entre outros.

O PBL teve sua origem no final dos anos 1960 na Escola de Medicina da Universidade McMaster (Canadá), inspirada no ensino por meio de casos, adotado pela escola de direito da Universidade Harvard nos anos 1920, e no modelo criado na Universidade Western Case Reserve para o ensino de medicina nos anos 1950.[3,4] Sua adoção foi decorrente da insatisfação e do tédio dos alunos frente ao grande volume de conhecimentos que, por sua vez, eram percebidos como

1 Perrenet, J. C.; Bouhujis, P. A. J.; Smits, J. G. M. M. The suitability of Problem-Based Learning for engineering education: theory and practice. *Teaching in Higher Education*, v. 5, n. 3, pp. 346-360, 2000.

2 Pouzada, A. S. (Ed.). *Project-Based Learning*: project-led education and group learning. Guimarães: Editora da Universidade do Minho, 2000.

3 Boud, D.; Feletti, G. (Eds.). *The challenge of Problem-Based Learning*. Londres: Kogan Page, 1999.

4 Schmidt, H. G. Foundations of Problem-Based Learning: some explanatory notes. *Medical Education*, v. 27, pp. 422-432, 1993.

irrelevantes à prática médica,[5] e da constatação de que os egressos do curso de medicina dessa instituição adquiriam muitos conceitos, mas exibiam poucos comportamentos e estratégias associados à aplicação de informações a um diagnóstico.[6]

A despeito de sua origem no ensino de medicina, o PBL logo se expandiu para o ensino de outras disciplinas e outros níveis educacionais. Para isto modificou-se para atender às especificidades de contextos educacionais e institucionais diversos. O PBL também tem sido empregado em formatos diferentes, a saber: em todo o currículo (modelo original ou híbrido), em disciplinas isoladas em currículos convencionais e em pontos de uma disciplina convencional quando se deseja aprofundar determinado tópico.

Essas diferentes implantações têm em comum o fato de contemplarem o trabalho de alunos em pequenos grupos com problemas da prática (reais ou simulados). A colocação de problemas relevantes à atuação profissional dos alunos antes de os conceitos serem introduzidos — considerada por Barrows[7] como "o núcleo absolutamente irredutível da aprendizagem baseada em problemas" — distingue esta metodologia das metodologias de ensino tradicional (Quadro 1) e de outras metodologias de ensino-aprendizagem ativas, centradas nos alunos, no processo ou em problemas.

---

5 BARROWS, H. S. Problem-Based Learning in medicine and beyond. In: WILKERSON, L.; GIJSELAERS, W. H. (Eds.). *Bringing Problem-Based Learning to higher education*: theory and practice. San Francisco: Jossey-Bass, 1996. pp. 3-12.

6 STEPIEN, W.; GALLAGHER, S. A.; WORKMAN, D. Problem-Based Learning for traditional and interdisciplinary classrooms. In: FOGARTY, R. (Ed. *Problem-Based Learning*: a collection of articles. Arlington Heights: Skylight, 1998. pp. 144-163.

7 Barrows (op. cit., p. 7).

Quadro 1 Principais diferenças entre o ensino tradicional e o PBL.[8]

Metodologias convencionais	Metodologia PBL
Docente assume o papel de especialista ou autoridade formal.	O papel do docente é o de facilitador, orientador, co-aprendiz, mentor ou consultor profissional.
Docentes trabalham isoladamente.	Docentes trabalham em equipes que incluem outros membros da escola/universidade.
Docentes transmitem informações aos alunos.	Alunos se responsabilizam pela aprendizagem e criam parcerias entre colegas e professores.
Docentes organizam os conteúdos na forma de palestras, com base no contexto da disciplina.	Docentes concebem cursos com base em problemas com fraca estruturação, delegam autoridade com responsabilidade aos alunos e selecionam conceitos que facilitam a transferência de conhecimentos pelos alunos. Docentes aumentam a motivação dos alunos pela colocação de problemas do mundo real e pela compreensão das dificuldades dos alunos.
Docentes trabalham individualmente dentro das disciplinas.	Estrutura escolar é flexível e oferece apoio aos docentes. Docentes são encorajados a mudar o panorama instrucional e avaliativo mediante novos instrumentos de avaliação e revisão por pares.

8 Samford University. *What is Problem-Based Learning? Center for Problem-Based Learning research and Communications*. Disponível em: <http://www.samford.edu/pbl/what.html>. Acesso em: 24 abr. 2000.

Quadro 1 *Continuação...*

Metodologias convencionais	Metodologia PBL
Alunos são vistos como tábula rasa ou receptores passivos de informação.	Docentes valorizam os conhecimentos prévios dos alunos, buscam encorajar a iniciativa dos alunos e delegam autoridade com responsabilidade aos alunos.
Alunos trabalham isoladamente.	Alunos interagem com o corpo docente de modo a fornecer *feedback* imediato sobre o curso, com a finalidade de melhorá-lo continuamente.
Alunos absorvem, transcrevem, memorizam e repetem informações para realizar tarefas de conteúdo específico, tais como questionários e exames.	Docentes concebem cursos com base em problemas com fraca estruturação, que prevêem um papel para o aluno na aprendizagem.
Aprendizagem individualista e competitiva.	Aprendizagem ocorre em um ambiente de apoio e colaboração.
Alunos buscam a "resposta correta" para obter sucesso em uma prova.	Docentes desencorajam a "resposta correta" única e ajudam os alunos a delinearem questões, equacionarem problemas, explorarem alternativas e tomarem decisões eficazes.
Desempenho avaliado com relação a tarefas de conteúdo específico.	Alunos identificam, analisam e resolvem problemas utilizando conhecimentos de cursos e experiências anteriores, em vez de simplesmente relembrá-los.
Avaliação de desempenho escolar é somativa, e o instrutor é o único avaliador.	Alunos avaliam suas próprias contribuições, além de outros membros e do grupo como um todo.

Quadro 1 *Continuação...*

Metodologias convencionais	Metodologia PBL
Aula fundamentada em comunicação unilateral, informação transmitida a um grupo de alunos.	Alunos trabalham em grupos para resolver problemas. Alunos adquirem e aplicam o conhecimento em contextos variados. Alunos encontram seus próprios recursos e informações, orientados pelos docentes. Alunos buscam conhecimentos e habilidades relevantes a sua futura prática profissional.

Esta inversão do binômio teoria-prática do ensino convencional, que ocorre no PBL, pode ser mais bem visualizada por intermédio de seu processo ou ciclo: (1) apresenta-se um problema aos alunos que, em equipes, organizam suas idéias, tentam solucioná-lo com o conhecimento que já possuem, avaliando seu conhecimento, e definir sua natureza; (2) a partir de discussões, os alunos levantam questões ou tópicos de aprendizagem sobre os aspectos do problema que não compreendem; (3) os alunos priorizam as questões de aprendizagem levantadas pelo grupo e planejam quando, como, onde e por quem essas questões serão investigadas para serem posteriormente partilhadas com o grupo; (4) quando os alunos se reencontram, eles exploram as questões de aprendizagem anteriores, integrando seus novos conhecimentos ao contexto do problema, podendo vir a definir novas questões de aprendizagem à medida que progridem na solução do problema; e (5) depois de terminado o trabalho com o problema, os alunos avaliam a si mesmos e seus pares, de modo a desenvolverem habilidades de auto-avaliação e avaliação construtiva de colegas.

A utilização do PBL em contextos educacionais tão diversos é possibilitada pela robustez de seus fundamentos. Embora não tenham sido especificadas durante sua concepção, teorias de vários autores e educadores podem ser claramente identificadas em seu processo, tais como o princípio da aprendizagem autônoma de Dewey e a idéia em Bruner de que a motivação intrínseca (epistêmica) atua como uma força interna que leva as pessoas a conhecerem melhor o mundo. A utilização de problemas como ponto de partida para a aprendizagem também pode ser atribuída a Dewey, que ressaltava a importância do aprender em resposta a e em interação com eventos da vida real.[9]

Os fundamentos do PBL também podem ser encontrados nas premissas da psicologia cognitiva.[10,11,12] Resultados de pesquisas nesta área do conhecimento têm apontado para o fato de a aprendizagem não ser um processo de recepção, mas de construção de novos conhecimentos. Isto significa dizer que conhecimentos prévios com relação a um assunto são capazes de determinar a natureza e a quantidade de conhecimentos novos que poderão ser processados e internalizados, o que é conseguido no PBL por meio de discussões em grupo.

A psicologia cognitiva também pressupõe que a forma como os conhecimentos são estruturados na memória torna-os mais ou menos acessíveis. Esta estruturação seria facilitada no PBL quando os alunos aplicam os conhecimentos recém-adquiridos no problema proposto. O problema no PBL promoveria a elaboração de estruturas cognitivas que facilitam a recuperação de conhecimentos relevantes quando estes forem necessários para a solução de problemas semelhantes.

O PBL também seria capaz de estimular a motivação epistêmica dos alunos mediante a colocação e discussão em sala de aula de problemas relevantes a sua futura prática profissional. Essa motivação acarretaria um aumento de tempo de dedicação dos alunos aos estudos (tempo de processamento) e, conseqüentemente, a melhoria do desempenho escolar.

Ademais, pesquisas na área da cognição humana sugerem que o desenvolvimento da capacidade metacognitiva é grandemente favo-

---

9 Schmidt (op. cit.).

10 Norman, G. R.; Schmidt, H. G. The psychological basis of Problem-Based Learning: a review of the evidence. *Academic Medicine*, v. 67, n. 9, pp. 557-565, 1992.

11 Regehr, G.; Norman, G. R. Issues in cognitive psychology: implications for professional education. *Academic Medicine*, v. 71, n. 9, pp. 988-1.001, 1996.

12 Schmidt (op. cit.).

rável à aprendizagem. Esta parece ocorrer de forma mais eficiente quando os alunos desenvolvem habilidades de auto-regulação, que são promovidas no PBL quando são dadas aos alunos as oportunidades de estabelecer seus objetivos (o que vou fazer?), escolher estratégias (como vou fazer?) e avaliar o processo (funcionou?).

Finalmente, o PBL estaria pautado na premissa de que a aprendizagem é fortemente influenciada por fatores sociais. O trabalho em pequenos grupos — em que a exposição de pontos de vista sobre um mesmo tópico é encorajada — propicia o questionamento de conceitos prévios e a construção de novos conhecimentos. Isto, por sua vez, seria mais condizente com a visão atual sobre o significado de conhecimento, ou seja, o que chamamos de conhecimento não seria uma verdade única e definitiva, mas a interpretação mais viável, produto de uma negociação social, do mundo que vivenciamos.

Dada sua notoriedade e talvez em razão do fato de estar relacionado primariamente com o ensino de uma área do conhecimento muito valorizada socialmente, o PBL tem sido objeto de intensa investigação desde sua primeira implantação na Universidade MacMaster. Estas pesquisas foram agrupadas em três meta-análises[13,14,15], as quais, embora usem metodologias diferentes, apontam para conclusões bastante semelhantes.

De forma sucinta, estes estudos mostram que os alunos são claramente favoráveis à metodologia, por ela promover um ambiente educacional mais dinâmico, flexível, com maior apoio emocional e camaradagem. Ademais, os alunos preferem o PBL mesmo quando dele participam contra sua vontade ou quando lhes é dada a possibilidade de escolher entre ele e as metodologias convencionais de ensino.

---

13 Albanese, M. A.; Mitchell, S. Problem-Based Learning: a review of literature on its outcomes and implantation issues. *Academic Medicine*, v. 68, n. 1, pp. 52-81, 1993.

14 Vernon, D. T A.; Blake, R. L. Does Problem-Based Learning work? A meta-analysis of evaluative research. *Academic Medicine*, v. 68, n. 7, pp. 550-563, 1993.

15 Dochy, F.; Segers, M.; Van den Bossche, P.; Gijbels, D. Effects of Problem-Based Learning: a meta-analysis. *Learning and Instruction*, v. 3, pp. 533-568, 2003.

Os resultados relativos à aprendizagem de conhecimentos factuais — das ciências básicas, principalmente nos primeiros anos dos cursos — não são conclusivos. Alguns estudos sugerem que os alunos PBL têm um desempenho igual ou mesmo um pouco abaixo daquele dos alunos convencionais. Esses resultados são contestados por muitos pesquisadores, por terem sido obtidos a partir de dados medidos por meio de testes objetivos padronizados, com os quais os alunos PBL não estão familiarizados.

Por outro lado, essas meta-análises indicam que os alunos apresentam melhor organização dos conhecimentos e melhor desempenho em exames que testam seus conhecimentos práticos e recebem melhores avaliações em estágios supervisionados. Os alunos PBL também apresentam melhores hábitos de estudo, indicativos de desenvolvimento da capacidade de aprendizagem autônoma e contínua. Quer dizer, estudam com o objetivo de compreender ou analisam o que precisam saber e estudam para atingir esta finalidade (evitando a mera memorização de conceitos), além de despender mais esforços nos estudos e utilizar mais a biblioteca e outros recursos educacionais (e.g., Internet e computador).

O MODELO DA EA-UN

A escola de arquitetura da Universidade de Newcastle utiliza um modelo híbrido do PBL.[16,17,18] Esse modelo compreende um currículo

---

16 Kingsland, A. Problem-Based Learning: efficient, affordable, and stress-free implantation. In: Ryan, G. (Ed.). *Research and development in Problem-Based Learning*. Sydney: University of Sydney-MacArthur Press, 1993. pp. 311-319.

17 Kingsland, A. Time expenditure, workload, and student satisfaction in Problem-Based Learning. In: Wilkerson, L.; Gijselaers, W. H. (Eds.). *Bringing Problem-Based Learning to higher education*: theory and practice. San Francisco: Jossey-Bass, 1996. pp. 73-82.

18 Maitland, B. Problem-Based Learning for architecture and construction management. In: Boud, D.; Feletti, G. (Eds.). *The challenge of Problem-Based Learning*. Londres: Kogan Page, 1999. pp. 211-217.

com um componente PBL central, denominado *Design Integration* (DI), e um conjunto de disciplinas que lhe dão suporte. O DI é composto de uma série de ciclos completos do PBL, nos quais projetos são trabalhados com o intuito de favorecer a aprendizagem dos conhecimentos e o desenvolvimento das habilidades e atitudes necessárias ao futuro exercício profissional dos alunos.

Os ciclos principais duram quatro ou mais semanas (e.g., Anexo I), intercalados por ciclos curtos (uma semana) que objetivam estimular especificamente a criatividade, a imaginação, o senso artístico e o trabalho em grupo (e.g., Anexo II). Esse conjunto de ciclos aproxima-se bastante da estrutura curricular modular sugerida por Borges & Vasconcelos[19] para o ensino de engenharia no Brasil.

A carga horária do componente DI dentro da grade curricular da EA-UN aumenta com a progressão dos alunos no curso. Paralelamente, o número de projetos trabalhados diminui e estes se tornam mais complexos, aproximando-se daqueles normalmente encontrados por profissionais em seus primeiros anos de carreira. Os projetos vão da concepção de espaços arquitetônicos simples, tais como um cômodo no primeiro semestre, a casas, prédios comerciais, arranha-céus e centros comunitários multifuncionais nos anos subseqüentes.

Cada ciclo é coordenado por um professor da instituição e facilitado por tutores (docentes e/ou arquitetos convidados), na proporção de um tutor para cada 10-12 alunos. Os conteúdos trabalhados no ciclo derivam da negociação entre o coordenador e os professores das disciplinas que lhe dão apoio (eles próprios tutores/coordenadores em outros ciclos) sobre os conhecimentos, as habilidades e as atitudes que devem ser priorizados, à luz dos objetivos do currículo, neste momento do curso. Esses objetivos, por sua vez, são pautados em informações obtidas junto a arquitetos atuantes e empregadores e negociados junto ao órgão responsável pela regulamentação do Ensino superior na Austrália.

---

19 Borges, M. N.; Vasconcelos, F. H. Novos princípios e conceitos do projeto curricular para cursos de graduação em engenharia. *Revista de Ensino de Engenharia*, n. 17, pp. 19-26, 1997.

De forma geral, a escolha dos projetos procura satisfazer os critérios indicados pela literatura, quer dizer, relevância, prevalência, valor integrativo, valor prototípico e fraca estruturação. Esses critérios também são utilizados para julgar periodicamente a permanência dos projetos no DI. Contudo, mesmo permanecendo no currículo um tempo longo, sua contextualização varia a cada oferta. Por exemplo, em vez de uma arquiteta, o cliente no problema *Two Rooms* poderia ser um dentista; algumas especificações e o local de construção também difeririam em outra oferta do mesmo problema.

Cada ciclo (longo) compreende vários encontros, sendo o primeiro para a apresentação do projeto com a presença da turma (60-65 alunos) e tutores em um espaço da escola, um amplo estúdio com divisórias móveis, pranchetas, mesas, sofás, armários e cadeiras, onde podem ser rearranjados conforme as demandas das atividades. Neste encontro, o "cliente" coloca as especificações do projeto e a forma de apresentação desejada, que dão os contornos do projeto e sinalizam quais conteúdos (conhecimentos, habilidades e atitudes) serão objetivados neste ciclo. O "cliente" também improvisa respostas às perguntas mais específicas da turma sobre como pretende utilizar os ambientes, suas preferências por materiais e cores.

Nesse encontro são colocadas e discutidas informações gerais sobre o ciclo, tais como atividades, prazos, requisitos de apresentação dos trabalhos (e.g., idéias, esboços, desenhos, mapas, modelos esquemáticos, maquetes) e objetivos educacionais. Também são divididos os grupos (10-12 alunos) e são indicados os tutores que os acompanharão durante o ciclo. Os grupos têm reuniões semanais com os tutores, cuja função é orientar, explicar conceitos, sanar dúvidas com relação aos requisitos do projeto e às tarefas a serem cumpridas. Embora sejam revisados e discutidos em grupo sob a supervisão de um tutor em encontros semanais durante os ciclos, os projetos são trabalhados individualmente pelos alunos. Os encontros são oportunidades para os alunos discutirem com o tutor e colegas suas estratégias, idéias e trabalhos em um processo contínuo de construção, desconstrução e reconstrução de seus projetos.

Durante os ciclos os alunos, em grupo, também cumprem tarefas complementares que incluem pesquisas na biblioteca universitária e visitas externas. As pesquisas objetivam o conhecimento do trabalho de arquitetos contemporâneos famosos e suas soluções para problemas semelhantes. As visitas externas são feitas com o intuito de conhecer e investigar características de outros espaços com utilização semelhante (funcionamento e necessidades com relação a equipamentos, dimensões e iluminação) e explorar os locais da construção dos projetos (i.e., caracterização do solo, vegetação, insolação e curvas de nível). Com base nos dados coletados nessa visita, os alunos escolhem, em grupo, o local hipotético da construção.

Além do DI, a grade curricular dos alunos é composta de disciplinas de apoio, cujos conteúdos versam sobre tópicos variados (e.g., desenho, estudos ambientais, ambiente urbano e habilidades de comunicação visual). A carga horária dessas disciplinas varia dentro de um total de 12-15 horas de contato direto aluno–docente por semana nos primeiros anos (e.g., no ciclo com o problema *Two Rooms* foram alocadas 4,5 horas ao DI e 7,5 horas às disciplinas).

Os conteúdos e seu momento de inserção no currículo da EA-UN são pensados de maneira que eles melhor informem os problemas em andamento. As disciplinas podem ter duração semestral ou anual, mas seu número e carga horária tendem a decrescer com a progressão no currículo. A metodologia adotada nas disciplinas varia; os conteúdos podem ser trabalhados tanto por intermédio de seminários e aulas expositivas quanto por meio de palestras com profissionais convidados e *workshops*.

Os procedimentos de avaliação utilizados nas disciplinas também variam. As notas derivadas das disciplinas compõem, junto às notas do DI (projetos e atividades complementares), a avaliação global do desempenho dos alunos ao final do semestre/ano. É importante ressaltar que na maioria dos ciclos os alunos apresentam seus projetos individualmente, com exceção dos projetos de curta duração. A sistemática de avaliação da EA-UN gera cerca de 10 notas durante um semestre para cada aluno nos primeiros anos.

Especificamente com relação ao DI, a avaliação do desempenho dos alunos é fundamentada em sua capacidade de conceber novas idéias, justificar suas decisões, demonstrar pensamento crítico e raciocínio lógico. Os critérios para essa avaliação são determinados pelos coordenadores dos ciclos e tutores durante os primeiros anos, porém no quinto ano são concebidos pelos próprios alunos e negociados com os tutores e a escola.

Nos primeiros anos a avaliação dos projetos ao final dos ciclos é feita por dois tutores; já no último ano é realizada por uma banca composta por um docente e o diretor da EA-UN, um docente de outra escola de arquitetura e um arquiteto atuante na comunidade. O peso das notas dos projetos na composição da nota final dos alunos (em comparação com as notas de trabalhos de disciplinas, entre outras) depende de sua complexidade e do ano em que se encontram. Por exemplo, no primeiro ano a nota dos projetos compõe 25% da nota final, enquanto no quarto esta proporção sobe para 50%. No último ano a avaliação do projeto compõe quase a totalidade da nota do aluno.

É desnecessário dizer que o modelo PBL da EA-UN responde somente às necessidades e particularidades desta escola, haja vista que o PBL, quando utilizado em outras escolas da mesma instituição, assume formatos diversos do modelo apresentado neste trabalho. Ademais, como mostraram as observações feitas junto à EA-UN, esse formato do PBL não deve ser caracterizado como pronto e acabado. Sobretudo, faz-se necessário ressaltar que o modelo PBL híbrido adotado por essa escola não conta com a aprovação de todos os autores que defendem a utilização desta metodologia no Ensino superior. Barrows,[20] por exemplo, crê que este formato não só

> inibe a integração dessas disciplinas no entendimento dos alunos sobre o problema [...], como também requer que os alunos entrem e saiam de diferentes abordagens de aprendizagem, passiva *versus* ativa, dependente *versus* independente.

20 Barrows (op. cit., p. 6).

O modelo PBL da EA-UN difere do modelo original (Escola de Medicina da Universidade McMaster) basicamente com respeito a dois aspectos, a saber: sua hibridez – ou seja, é respaldado por disciplinas preestabelecidas – e o fato de ser mais centrado nos professores, já que são eles que concebem os problemas, definem os objetivos de aprendizagem e a forma de apresentação dos resultados e aplicam os critérios de avaliação. A maior direção docente é conseguida principalmente mediante um grau maior de estruturação dos problemas, como pode ser observado no problema *Two Rooms*.

A hibridez e maior direção docente do modelo da EA-UN parecem derivar tanto das especificidades do ensino desta área de conhecimento – no qual a solução do problema é geralmente a consecução de um projeto e não a obtenção de um diagnóstico como na medicina – quanto da gênese da implantação do PBL na instituição entre 1983 e 1985. Nesta época havia consenso na instituição sobre a necessidade de mudança por causa do *feedback* negativo da parte de empregadores e ex-alunos. Inspirados pela adoção do PBL pela escola de medicina da mesma universidade alguns anos antes, os docentes e administradores do curso de arquitetura optaram por esta metodologia, mas, de forma a viabilizar a mudança, lançaram mão dos recursos e da estrutura presentes na instituição.

Dessa forma, um componente de desenvolvimento de projetos já existente no currículo convencional da EA-UN foi transformado em um componente central de solução de problemas e integração de conhecimentos no novo currículo (DI). Para este fim, foi-lhe alocado mais tempo, subtraído das outras disciplinas que passaram a lhe dar suporte. Apesar desta redução no tempo das disciplinas, não houve uma diminuição da qualidade do curso porque uma parte do trabalho com os conteúdos foi transferida para o DI. Também foram disponibilizados mais tempo durante a semana e um espaço apropriado para que os alunos pudessem se dedicar aos projetos. Por outro lado, com a carga horária das disciplinas reduzida, os docentes dispuseram de mais tempo para atuar como tutores ou consultores (para os alunos) dentro de suas áreas de especialidade.

Hipoteticamente, numa implantação de um modelo similar no Brasil também seria possível aproveitar alguns componentes já existentes nos currículos de engenharia. Muitos desses currículos, dependendo da instituição e especialização, contêm pelo menos uma disciplina de projeto no quinto ano e vários laboratórios nos anteriores. Esses componentes poderiam coalescer em um único componente de integração e solução de problemas à maneira do DI. Daí, procedendo-se de forma similar à EA-UN, seria possível valorizar o componente de projeto e atribuir-lhe centralidade – reservando-lhe maior carga horária, trabalho em grupo facilitado por tutores, entre outros pontos – no último ano e, gradualmente, torná-lo presente nos anos anteriores, aproveitando os espaços e os tempos alocados para as disciplinas de laboratório. Esse procedimento de introdução gradual estaria em concordância com Huberman,[21] para quem é preciso introduzir uma mudança educacional por etapas bem planejadas, de forma a causar o mínimo de resistência e transtorno.

Seria possível também proceder de maneira inversa, começando pelos primeiros anos, como geralmente é relatado na literatura. Desta forma, o PBL não conflitaria com os compromissos de estágio no último ano. Aliás, é preciso mencionar que o PBL não pretende substituir o estágio dos alunos, como não o faz com os estágios em hospitais e a residência médica em currículos de escolas de medicina que adotam a metodologia. Estes ambientes promovem a aprendizagem de diferentes conhecimentos, ainda que não mutuamente excludentes. Isto posto, é possível pensar em formas de integrar esses dois ambientes. Por exemplo, os problemas PBL no último ano poderiam ser problemas reais das empresas em que os estágios se realizam. Esses problemas – e outros gerais inerentes ao mundo do trabalho – seriam discutidos no componente PBL, multiplicando a possibilidade de aprendizagem profissional que geralmente fica restrita aos estagiários e seus orientadores.

---

21 HUBERMAN, M. *Como se realizam as mudanças em educação*: subsídios para o estudo do problema da inovação. São Paulo: Cultrix, 1973.

De qualquer forma, é necessário ressaltar que essa mudança gradual para o PBL não é consensual entre os docentes da EA-UN, já que alguns a crêem difícil de ser realizada por causa da inércia docente e institucional. Esses docentes consideram essa mudança mais eficaz quando é implantada em todo o currículo, como fizeram, ou ainda quando é implantada junto com o curso, como ocorreu, por exemplo, na Escola de Saúde Pública do Ceará (ESP-CE).[22]

Ademais, a inércia não seria a única dificuldade de mudança para um modelo PBL em cursos de engenharia no Brasil. Outra dificuldade que a adoção dessa metodologia enfrentaria é a insuficiência de laboratórios (*loci* de integração de conteúdos e solução de problemas no ensino de muitas especializações da engenharia por excelência), quando se compara, por exemplo, à disponibilidade de hospitais-escola no ensino de medicina ou à relativa facilidade e menor custo de alocação de um espaço (com pranchetas e computadores) para a confecção de projetos arquitetônicos. Hessami & Gani[23] têm esta carência como uma dificuldade da implantação do PBL no ensino de algumas especializações de engenharia (e.g., engenharia mecânica), mas que não chega a desencorajar os autores, pois consideram o PBL mais interessante e motivador, capaz de estimular a aprendizagem profunda e produzir engenheiros mais versáteis e preparados para a entrada na vida profissional.

A cultura existente em escolas como a IES também constituiria um obstáculo a ser transposto. Como foi visto, parece que muitos professores tendem a supervalorizar, defender e se identificar fortemente com os conteúdos que ensinam, especialmente porque muitas vezes há uma ligação íntima entre esses conteúdos e suas áreas de pesquisa. Assim, é possível imaginar que a negociação da diminuição do tempo alocado às disciplinas não seja uma tarefa fácil. Talvez essa redução

22 Mamede, S.; Penaforte, J. (Orgs.). *Aprendizagem baseada em problemas*: anatomia de uma nova abordagem educacional. São Paulo: Hucitec/ESP-CE, 2001.

23 Hessami, M. A.; Gani, R. Using Problem-Based Learning in the mechanic engineering degree. In: Ryan, G. (Ed.). *Research and development in Problem-Based Learning*. Sydney: University of Sydney-MacArthur Press, 1993. pp. 75-82.

venha a ser interpretada pelos docentes como uma perda de autonomia, controle e/ou prestígio.

A diminuição da carga horária — fator *sine qua non* para que seja disponibilizado mais tempo para o trabalho autônomo dos alunos/grupos no PBL — também coloca um desafio às escolas de engenharia no Brasil, na medida em que carga horária é geralmente entendida como horas em sala de aula/laboratório. A necessidade de uma redução dessas horas pode ser ilustrada quando se compara, por exemplo, as 30 horas, em média, de contato direto professor–aluno dos currículos da EP às 12-15 horas da EA-UN (incluindo-se aquelas destinadas à discussão dos projetos com os tutores, i.e., DI).

É preciso dizer também que a EA-UN, segundo seus professores mais antigos, também enfrentou dificuldades para ter seu currículo PBL reconhecido pela agência reguladora do Ensino superior na Austrália. Apesar de sua carga horária nunca ter sido tão alta quanto a do curso de engenharia de produção da IES, a EA-UN teve de mostrar a importância de uma carga horária menor e de um componente curricular como o DI, por exemplo. Este episódio e outros relatados na literatura aparentam indicar que a negociação com órgãos reguladores é inexorável e parte integrante do processo de implantação de um currículo PBL independentemente do contexto.

A negociação por mais tempo para o estudo autônomo nos currículos de engenharia no país também enfrentaria barreiras culturais e individuais. Algumas dessas barreiras foram identificadas na IES, tais como a supervalorização dos conhecimentos técnico-científicos e de sua acumulação, que é traduzida na rigidez do cumprimento de um programa por parte dos docentes. Há ainda o entendimento do currículo como um conjunto de cotas a serem atingidas, que leva muitos alunos a preencherem os horários alocados ao estudo autônomo com créditos de anos mais avançados. Isto não é possível no caso da EA-UN, já que as disciplinas estão atreladas aos projetos, não podendo ser cursadas separadamente.

A difícil negociação entre as escolas de engenharia no Brasil e os institutos/departamentos que provêem o ensino das ciências básicas aos seus alunos também seria um obstáculo a vencer em uma implantação de um modelo híbrido. Este problema não foi enfrentado pela EA-UN porque suas disciplinas sempre foram ministradas por seu próprio corpo docente. Essa característica facilitaria o diálogo e a integração entre os docentes, que aparenta ser precário em escolas de engenharia do país, a julgar pelos dados coletados na IES.

Esse comprometimento do corpo docente com relação ao PBL e com objetivos educacionais comuns parece ser fundamental para o sucesso de um modelo híbrido como o da EA-UN. É vital tanto à época da implantação quanto durante o período de utilização, já que os conteúdos trabalhados nas disciplinas de apoio também resultam da negociação entre os docentes responsáveis por elas e os tutores/coordenadores dos problemas/projetos.

Embora não seja fácil construir uma estrutura que integre harmoniosamente as várias disciplinas e os projetos em um modelo híbrido, é possível imaginar o dano que uma redução desse comprometimento acarreta ao processo PBL. Por exemplo, observou-se na EA-UN, em pelo menos um momento do trabalho com o problema *Two Rooms*, que as tarefas pedidas pelos professores das disciplinas esvaziaram o DI (no qual a presença dos alunos não era obrigatória), confirmando o risco, levantado na literatura,[24] de as disciplinas virem a competir com o componente PBL pelo tempo dos alunos. Em outras ocasiões, ficou claro que este esvaziamento ocorreu por conta de compromissos extracurriculares assumidos pelos alunos (e.g., trabalho). Estes episódios aparentam indicar que sem o diálogo constante e sem a visão compartilhada (e continuamente promovida) por docentes e alunos sobre a importância do estudo autônomo e da centralidade deste componente na metodologia PBL um modelo híbrido pode rapidamente retroceder a um currículo mais convencional.

A exigência da apresentação de muitos trabalhos além do projeto (relatórios de visitas, pesquisas em biblioteca, trabalhos das disciplinas, entre outros) também pode contribuir para esse retrocesso, na medida em que os alunos podem vir a adotar estratégias de sobrevivência contrárias aos princípios do PBL. Apesar de restritas a alguns

24 Perrenet et al. (op. cit.).

momentos, essas estratégias foram detectadas na EA-UN tanto pela baixa freqüência dos alunos no DI quanto por estes terem demonstrado mais interesse nos requisitos formais de apresentação dos projetos que na discussão (entre o tutor e o grupo, entre os alunos e entre a teoria e a prática) objetivada por este componente curricular. Esta atitude dos alunos é contrária ao princípio do PBL, que valoriza o processo mais que os resultados e pode acabar minando o processo de construção e desconstrução dos projetos objetivado pelo DI.

O mesmo se aplicaria à forma de avaliação adotada pela EA-UN. Como exposto anteriormente, a avaliação dos alunos é um ponto bastante discutido na literatura sobre PBL, pelo fato de alguns autores considerarem-na subjetiva. Aparentemente, a composição múltipla da nota final dos alunos da EA-UN (combinação de notas das disciplinas e dos projetos), apesar de trabalhosa, concorre para a acuidade e objetividade da avaliação e facilita a avaliação do desempenho individual dos alunos, evitando a ocorrência de "caronas". Entretanto, pode-se supor que a apresentação individual dos projetos — ao menos os mais importantes, já que projetos como o *Wordgarden* parecem ser menos valorizados, dada sua curta duração — e a inexistência da avaliação por pares não consigam promover o desenvolvimento de habilidades e atitudes derivadas do trabalho em grupo (e.g., *brainstorming*, apresentação e defesa de idéias, análise de alternativas, construção de consenso, tomada de decisões e respeito pela opinião de outros) em todo seu potencial.

Por outro lado, a forma de avaliação usada na EA-UN pode estar pautada na idéia clássica de atuação do arquiteto trabalhando individualmente. Esta concepção pode coincidir com alguns contextos de atuação de um engenheiro civil, por exemplo, mas pode não corresponder ao trabalho normalmente realizado por engenheiros de produção no Brasil. Dependendo do tipo de trabalho que se imagina para o engenheiro, talvez fosse interessante ter uma combinação de projetos individuais e coletivos (em grupos menores, 4-5 alunos). De qualquer forma, é fundamental entender que nesta metodologia todos os aspectos, desde o problema até a avaliação, devem ser pensados de forma a refletir a atuação profissional futura dos alunos.

A falta de capacitação pedagógica dos docentes da IES também se configura em uma dificuldade na adoção de um modelo PBL. A integração e o diálogo entre os docentes e o estabelecimento de objetivos educacionais comuns, citados anteriormente, implicam competências profissionais que não são inatas à maior parte do corpo docente.[25] A necessidade de habilidades específicas ficou evidente na EA-UN, que não tinha um programa de capacitação inicial e continuada para seus docentes. Por exemplo, foi observado durante o trabalho com o problema *Two Rooms* que, apesar de favorecer a discussão entre os alunos e entre eles e o tutor, o PBL por si só não garantia o envolvimento de todos os alunos. Freqüentemente o tutor estabelecia um diálogo com algum aluno sem a participação dos demais, mesmo quando o grupo se reduzia a 4-5 alunos (de um total de 10-12), o que demonstra, como advoga a literatura, que para atuar em um ambiente de aprendizagem cooperativa é preciso saber trabalhar com grupos de alunos e saber ensinar os alunos a trabalharem conjuntamente, e isto não é algo em que a maioria dos docentes tem experiência.

Observou-se ainda que a falta de capacitação docente para gerenciar ou atuar nessa metodologia pode facilmente transformar um componente como o DI em uma aula centrada no docente, diminuindo os ganhos atribuídos ao PBL. Mesmo pautada nas dúvidas dos alunos (o que já seria uma vantagem sobre as metodologias convencionais), esta monopolização da fala da parte do docente pode vir a comprometer a obtenção dos objetivos educacionais pretendidos pelo PBL, tais como o desenvolvimento de habilidades interpessoais e comunicativas dos alunos, apreciação e respeito pelas opiniões de outros.

Este fenômeno também poderia ser atribuído aos alunos, uma vez que a EA-UN não tinha um programa de indução discente ao PBL. Embora seus alunos já tivessem conhecimento da utilização do PBL, a capacitação deficiente dos alunos para atuar neste ambiente de

---

25 Little, S. E.; Sauer, C. Organizational and institutional impediments to a problem-based approach. In: Boud, D.; Feletti, G. (Eds.). *The challenge of Problem-Based Learning*. Londres: Kogan Page, 1999. pp. 81-88.

aprendizagem pareceu ser um obstáculo ao seu funcionamento. Observou-se que muitas vezes a discussão no DI ficava limitada a uns trabalhos individuais, porque alguns alunos não haviam atingido as etapas do projeto que seriam discutidas em determinado encontro. O não-comparecimento ao DI também poderia ser atribuído ao fato de os alunos não compreenderem a centralidade e importância deste componente curricular. Não obstante, é preciso reconhecer que sempre haverá alunos que não participam por timidez, compromissos extracurriculares ou mesmo desinteresse, independentemente da metodologia de ensino adotada.

Apesar de haver pontos que precisam ser aprimorados, a longa história da implantação do PBL na EA-UN e seu prestígio atestam o sucesso de seu modelo. A riqueza de muitos projetos apresentados pelos alunos ao final do ciclo observado neste trabalho confirma o renome dessa metodologia. Porém, é necessário ressaltar que o sucesso do PBL nessa instituição se deve grandemente à valorização do ensino por seus docentes e pela administração.

Levar em conta este aspecto parece ser particularmente relevante quando se contempla a adoção de um modelo PBL em contextos educacionais em que se identifica o "primado da pesquisa", como pôde ser verificado na própria Universidade de Newcastle. Sua escola de engenharia não utiliza o PBL, e o motivo de isto não acontecer era, nas palavras de seu diretor, decorrente do fato de "*a escola de engenharia ser mais direcionada para a pesquisa, enquanto que a escola de arquitetura é mais direcionada para o ensino*".

O comprometimento dos docentes da EA-UN em torno do PBL era essencial na medida em que a desvalorização do ensino aparentava estar presente na universidade como um todo. Isto pôde ser verificado por meio do relato de um docente que fazia pesquisa em ambas as áreas, arquitetura e educação (PBL), a quem foi sugerido que se concentrasse somente na pesquisa em arquitetura, pois isto facilitaria a obtenção de recursos para a universidade. Outro docente relatou que a pesquisa educacional (PBL) que fazia não lhe rendia dividendos em termos de promoção na carreira, decidida pela alta administração da UN.

De qualquer forma, a soma de fatores, tais como a percepção da necessidade de mudança e a valorização do ensino por parte de docentes e administradores, parece concorrer para a superação das dificuldades da fase inicial da implantação do PBL e a adesão aos princípios e procedimentos da metodologia em fases subseqüentes. Sem o comprometimento por parte dos professores e alunos, uma vez terminada a fase da novidade e confrontados com o aumento de dedicação exigido pelo PBL, é provável que estes atores do processo tendam a retornar à sua prática anterior, acomodando-a à nova metodologia, que passa a existir somente no nível do discurso institucional. Sobretudo, o comprometimento da instituição é fundamental neste processo, fornecendo apoio administrativo e capacitação para alunos e docentes.

Considerações finais

A forma como este trabalho se desenvolveu, isto é, em conjunto com o Professor, de certa forma parece ter respondido às recomendações da literatura sobre a formação continuada de docentes e contribuído tanto para o posterior bom andamento da implantação quanto para a capacitação em serviço do Professor. Mesmo que esta colaboração não tenha acontecido a contento, ou seja, a colaboração da parte do Professor foi menor que ensejava o pesquisador por causa das limitações descritas anteriormente (e.g., intensificação do trabalho docente), este delineamento de investigação teve efeitos importantes no que concerne ao desenvolvimento profissional do docente.

De fato, além de serem momentos de planejamento da implantação do PBL, os encontros realizados foram oportunidades valiosas para o Professor refletir e discutir sobre o contexto educacional e sua prática e de (*re*)construir sua base de conhecimentos da docência. Isto é ilustrado pela resposta do Professor à preocupação do pesquisador de que não estariam avançando a contento no planejamento da metodologia PBL para a disciplina. O Professor reconheceu este atraso, mas assegurou que, a despeito disto, aqueles momentos estavam sendo importantes em decorrência da *"nossa seriedade no trabalho... como a gente às vezes tem conversado duro... Algumas pessoas poderiam considerar duro, mas são coisas para mim extremamente importantes, que é próprio da universidade* [onde] *às vezes você não tem possibilidade de fazer com um colega. Porque se você faz, ele, ou eu mesmo, acha que: 'Será que ele está entrando no meu conteúdo, na minha disciplina, coisas que são minhas?`. Então a possibilidade de a gente conversar tão sinceramente* [sobre] *coisas que a gente não conversa no próprio grupo é de extrema contribuição... coisas que nesse tempo todo de professor não tive a oportunidade de conversar tão francamente.* [...] *Eu penso que este período, por a gente ter tocado em pontos, contribui totalmente, porque a gente vai esclarecendo uma porção de coisas que às vezes a gente não quer tocar no assunto, mas que vão ser importantíssimas para a boa eficácia da disciplina. Então eu penso que este período que nós estamos conversando, ainda que a gente não fosse para o desenho* [PBL] *da disciplina, tem sido extremamente importante para esclarecer uma porção de coisas, para levantar pontos que a gente vai ter que pensar... Eu acho que a gente já está internalizando uma porção de coisas que a gente vai fazer..."*

Nessa direção, esse excerto concorda com a literatura quando indica a colaboração entre a escola e a academia como um instrumento de desenvolvimento docente por meio de oportunidades para a reflexão sobre prática, críticas partilhadas e mudanças apoiadas. Parece igualmente ter satisfeito as condições ideais para a formação continuada de docentes, quer dizer, essa colaboração ocorreu no local de trabalho do Professor e estava articulada em torno de um projeto de ação em vez de conteúdos acadêmicos.

Por outro lado, os encontros também parecem ter cumprido parte do papel dos tempos e espaços, inexistentes na IES, necessários para que os professores dividam suas experiências e seus dilemas, favorecendo a investigação ou o capital intelectual da docência. A fala do Professor parece sinalizar uma limitação desses espaços em ambientes institucionais como a IES, onde são verificados o isolamento do trabalho docente e a cultura de não-ingerência no trabalho de outros docentes.

Sem um apoio pedagógico e sem o esforço por parte dos docentes para a superação de alguns entraves culturais e individuais, esses espaços — incluindo-se aqui os laboratórios de ensino — poderão reduzir-se aos seus aspectos formais. Em suma, a fala do Professor mostra a importância do diálogo com a academia ou com profissionais externos ao corpo docente, idealmente neutros. Essa colaboração com pessoas externas quando se deseja introduzir inovações no Ensino superior em geral é reconhecidamente importante, na medida em que a ausência destes agentes provavelmente reduzirá a mudança ao esclarecimento de práticas já existentes no contexto escolar.

Problema Two Rooms*

Sinopse: Um exercício de quatro semanas de duração para considerar, investigar e propor um modelo esquemático [maquete] de um ambiente de trabalho de dois cômodos em uma área rural. Cômodo 1: um ambiente para uma pessoa começar seu dia de trabalho. Cômodo 2: um ambiente para duas pessoas trabalharem em projetos arquitetônicos de pequeno porte. A proposta deverá ser apresentada com ênfase nas relações entres os cômodos e destes com as condições externas do local de construção, usando plantas, seções e modelos.
Palavras-chave: Coleta de informações, cliente, composição, desenho, projeto, envolvimento, maquete, modelagem, natureza, planta, relação, cômodo, cômodos, terreno, espaço.

ATIVIDADES

1 *Introdução.* Lançamento do Ciclo 3 [terceiro problema do curso]. Coleta de informações com a cliente [uma aluna do quinto ano fazendo "as vezes" de uma arquiteta atuante]: tomar nota, perguntar à cliente. Considerar questões, objetivos, processos do ciclo, habilidades prévias e novas.
2 *Pesquisa no local de construção.* Visita ao terreno em Belbourie [localidade rural próxima à Newcastle]: explorar o local individualmente;

---

* Autoria de John Roberts e colaboradores, professores do curso de arquitetura da Escola de Engenharia e Ambiente Construído da Universidade de Newcastle, NSW, Austrália.

observar e anotar cuidadosamente suas particularidades em escalas pequena, média e grande; traçar curvas de nível e contornos do terreno; selecionar em grupo o local exato da construção dos cômodos (aproximadamente 400 m^2).

3 *Pesquisa no escritório.* Visita, em grupo, a um escritório de arquitetura: individualmente, anotar como é, qual a atmosfera e como funciona um escritório de arquitetura; em grupo, registrar atividades, dimensões, equipamentos, necessidades de espaço, iluminação, relações no ambiente de trabalho. Os resultados da pesquisa devem ser compilados como um recurso do grupo.

4 *Pesquisa na biblioteca.* Plantas arquitetônicas de cômodos. Pesquisar, em grupo, plantas de cômodos, quartos, feitas por arquitetos contemporâneos e do século XX, usando recursos da biblioteca da universidade, bancos de dados de revistas.

5 *Transposição.* Referir-se a relações dentro/entre organismos, espaços, objetos, fenômenos (no local de construção e em outros lugares) para sugerir transposições de princípios naturais ou outros aos desenhos/maquetes.

6 *Dezesseis estratégias.* Desenvolver 16 opções de direção, planta. Dezesseis idéias, ou 2x8, 4x4. Selecionar e defender uma ou duas soluções potenciais mais adequadas.

7 *Mídia e modelos.* Desenvolver soluções de projeto usando *crayon*, lápis 6B e modelos.

8 *Plantas esquemáticas.* Desenvolver plantas indicando relações com o local de construção, entre os cômodos, além das espessuras das paredes, aberturas (janelas e portas), materiais utilizados (piso etc.), mobílias, atividades. Relacionar com as pesquisas feitas no escritório, no local de construção, na biblioteca etc.

9 *Maquete esquemática.* Apresentar uma maquete acurada e cuidadosamente construída, indicando a forma e a composição dos cômodos.

Consta ainda da ementa do problema, entregue aos alunos no primeiro encontro do ciclo: (a) as datas para a apresentação, individual e em grupo, dos resultados das pesquisas e outras atividades (desenhos, plantas e maquetes intermediárias); (b) os objetivos de aprendizagem (conhecimentos e habilidades) esperados dos alunos ao final do trabalho com o problema; (c) os requisitos de apresentação das plantas, mapas do local de construção e maquetes (escalas, diagramas etc.); (d) critérios de avaliação dos trabalhos e pesos conferidos a eles; e (e) informações sobre a avaliação final, quando o aluno apresenta sua solução (planta e maquete) a dois juízes (tutores) e demais colegas, os quais deverão participar ouvindo, tomando notas e colocando perguntas ao apresentador.

Problema Wordgarden: building a word*

IDÉIA GERAL: SIGNIFICADO E COMUNICAÇÃO

Um dos papéis do arquiteto é manter o significado de um projeto sustentando a "idéia geral" por meio do processo de projeção até a presença, a aparência e o sentido dos detalhes de um projeto. A criação imaginativa e a manutenção do significado são vitais tanto quanto o conhecimento e a comunicação da "idéia geral" dentro de uma equipe, ou para jurados ou para uma platéia.

MAGNIFICÊNCIA

A arquitetura, como mostra um aforismo de Le Corbusier de 1923, é "uma brincadeira magistral com volumes corretos e magnificentes trazidos à luz". Pode-se selecionar uma palavra como uma unidade de comunicação e usar o processo de projeção arquitetônica para construí-la e colocá-la em um determinado lugar, de modo que, de alguma forma, ela possa falar por si só.

---

* Autoria de John Roberts e colaboradores, professores do curso de arquitetura da Escola de Engenharia e Ambiente Construído da Universidade de Newcastle, NSW, Austrália.

OPORTUNIDADE

É dada a oportunidade a vocês de projetar e construir uma palavra em um local real no mundo. Pede-se que vocês:

- Selecionem e pesquisem uma palavra (veja a lista);
- Escolham um local externo para a palavra;
- Faça uma instalação da palavra específica para o local escolhido no espaço externo disponível [jardim ao redor da escola de arquitetura].

Pede-se que construam uma palavra e plantem-na em um local específico do jardim, com o intuito de amplificar e demonstrar as possibilidades do significado. Não deve ser uma "escultura" para expressar "reflexão", uma maquete para um trabalho maior ou um modelo inspirado na palavra. O projeto está relacionado com a transformação de materiais básicos em uma *palavra construída* para a apreciação e a informação de uma platéia. A escala é 1:1.

CONDIÇÕES

- Doze (12) equipes (nem mais nem menos) de dois ou mais alunos devem ser formadas para o projeto.
- Apresentação de no máximo 3 minutos; 3-5 minutos para comentários e *feedback*.
- A localização da palavra deve ser escolhida no jardim dentro de 100 m do Architecture Design Studio. Proveja um espaço ao redor do local escolhido para uma platéia de 60 pessoas e considere as condições meteorológicas adversas.
- Nenhum dano às plantas deve ser causado durante todo o projeto, incluindo a apresentação. Pontos podem ser deduzidos em decorrência de danos ambientais.

ATIVIDADES

Pesquisa:

- significado, denotação, conotação, etiologia, uso;
- tipos de letra e fonte;
- influências — literatura, arte, natureza, local, memória, mídia, cultura;
- local — este é o melhor local para a instalação e o entendimento da palavra?;
- materiais — comprados, achados, naturais, reciclados, reinterpretados, corrompidos.

Projeto:

- fazer sentido — singular ou plural;
- específico para o local — escolher e usar o local correto para dar suporte e revelar a palavra;
- em terceira dimensão — volume, profundidade, altura, sombreamento;
- forma — tamanho, forma, geometria, cor;
- materiais — conexões, acabamento;
- expressão — atitude, sentimento de percepção do trabalho;
- oportunidades — diversão, risco, brincadeira, desastre, glória, emoção, beleza...

Construção:

- montagem — esculpir, moldar, pré-fabricar, coletar no local;
- junção — colar, amarrar, parafusar, arrumar;
- estrutura — esqueleto, concha, pele, acabamento, compostos, detalhes;
- instalação — em local infra-específico.

Questão para a reflexão do grupo:

A construção da idéia foi eficaz? O trabalho foi comunicado de forma eficaz? Para quem? O significado será comunicado pelo local, tipo da letra, materiais, cores, escala? Os outros serão capazes de "pegar" os múltiplos significados, brincadeiras, nuances do significado, da palavra e do local? Nós realmente temos de "apresentar" a palavra?

NOTA DO AUTOR

A ementa deste problema ainda contém: (a) lista de palavras; (b) data de apresentação dos trabalhos (em grupo); (c) critérios de avaliação.

Este livro foi impresso em dezembro de 2008 pela Gráfica Progressiva em Curitiba/PR.
Foi utilizado papel Pólen Soft, para o miolo, e Cartão Supremo, para a capa
(ambos da Cia. Suzano de Papel).